KÖNIGS FURT

*Über dieses Buch*

Dieses Buch ist aus der jahrelangen Seminararbeit der Autorinnen mit Geschwistern behinderter Kinder entstanden. Es lässt Kinder und Jugendliche, in deren Familien ein Kind mit Behinderung lebt, anhand von selbst geschriebenen Texten zu Wort kommen. Dabei sprechen sie über ihre Bedürfnisse, Ängste und Wünsche und zeichnen so ein authentisches Bild ihrer besonderen Familiensituation, die trotz aller Belastung auch eine Bereicherung darstellt.

Behutsam haben die Autorinnen die Aussagen zusammengestellt und bieten so einen lebensnahen Ratgeber für alle, die Kinder und Jugendliche mit behinderten Geschwistern liebevoll begleiten und unterstützen möchten.

*Über die Autorinnen*

Marlies Winkelheide, Jahrgang 1948, Sozialwissenschaftlerin, Arbeit mit verhaltensauffälligen und autistischen Kindern und Kindern mit Behinderung aus Vietnam, hat im Laufe ihrer mehr als 25-jährigen Tätigkeit als Referentin in der Erwachsenenbildung mit dem Schwerpunkt behinderte Menschen und ihre Angehörigen ein Konzept für die Seminararbeit mit diesen Personengruppen entwickelt; Vortragstätigkeit; Autorin mehrerer Bücher; Lehraufträge an der Universität Bremen; freiberuflich tätig.

Charlotte Knees, Jahrgang 1954, Musiktherapeutin, blickt auf eine langjährige therapeutische Tätigkeit mit geistig und mehrfachbehinderten Kindern, Jugendlichen und Erwachsenen zurück; seit vielen Jahren Referentin in Seminaren mit behinderten Menschen und deren Angehörigen; Lehrerin in der Ausbildung von FachbetreuerInnen in Behinderteneinrichtungen; Mitarbeit an mehreren Büchern; Entwicklung von Konzepten unterschiedlicher Bildungsangebote für die genannten Zielgruppen.

Marlies Winkelheide / Charlotte Knees

# *... doch Geschwister sein dagegen sehr*

*Schicksal und Chancen der Geschwister behinderter Menschen*

Königsfurt

*Bibliografische Information der Deutschen Bibliothek*

*Die Deutsche Bibliothek verzeichnet diese Publikation in der Deutschen Nationalbibliografie; detaillierte bibliografische Daten sind im Internet über http://dnb.ddb.de abrufbar.*

Originalausgabe
Krummwisch bei Kiel 2003


D-24796 Krummwisch
www.koenigsfurt.com

Umschlag: Zembsch' Werkstatt, München, unter Verwendung eines Fotos von Julia und Antonius Winter, Ahaus, das von der Bundesvereinigung Lebenshilfe für Menschen mit geistiger Behinderung e. V., Marburg, zur Verfügung gestellt wurde
Satz: Satzbüro Noch, Witten
Druck und Bindung: FVA, Fulda

Printed in Germany
ISBN 3-89875-067-1

# *Inhalt*

## Zum Geleit

**Bei aller Belastung eine Bereicherung** . . . . . . . . . . . . . . . . . . . 10
Prof. Dr. Ursula Pixa-Kettner

**Beredtes Plädoyer für das Leben** . . . . . . . . . . . . . . . . . . . . . . . . . 15
Renate Welsh-Rabady

## ... doch Geschwister sein dagegen sehr

1. **Jedes Familienmitglied ist wichtig**
   Eine Einführung . . . . . . . . . . . . . . . . . . . . . . . . . . . . . . . . . 20

2. **Behutsame Annäherung**
   Ein »typisches« Geschwisterkind? . . . . . . . . . . . . . . . . . . . . 25

3. **Der »kleine große« Bruder**
   Kindliche Entwicklung und Geschwisterkonstellationen . . . . 36

4. **Bei uns ist alles ganz anders**
   Vom Zusammenleben mit behinderten Menschen . . . . . . . . . 66

5. **Das habe ich gut geschafft!**
   Geschwister melden sich zu Wort . . . . . . . . . . . . . . . . . . . . . . 79

6. **Warum habe gerade ich eine behinderte Schwester?**
   Kinder und Jugendliche auf der Suche nach Antworten . . . . . 99

7. **Da ist mir klar geworden, welche Last auch auf uns Eltern lastet**
   Eltern als Ansprechpartner in der Seminararbeit . . . . . . . . . . 120

8. **Sei an meiner Seite!**
Herausforderungen an die Begleitung von Geschwistern behinderter Menschen . . . . . . . . . . . . . . . . . . . . . . . . . . . . . 134

9. **Aber wenn er lacht und dich anstrahlt, ist alles wieder in Ordnung**
Anstelle eines Schlusswortes . . . . . . . . . . . . . . . . . . . . . . . . 141

**Anhang**
Zur Konzeption der Geschwisterseminare . . . . . . . . . . . . . . . . . 144
Quellenverzeichnis . . . . . . . . . . . . . . . . . . . . . . . . . . . . . . 148
Bildnachweis . . . . . . . . . . . . . . . . . . . . . . . . . . . . . . . . . 149
Literaturhinweise . . . . . . . . . . . . . . . . . . . . . . . . . . . . . . 150
Adressen der Autorinnen . . . . . . . . . . . . . . . . . . . . . . . . . . . 157

*»Liebe Jana,*
*in diesem Brief möchte ich dir sagen, wie lieb ich dich habe und was ich toll an dir finde.*
*Ich finde es total toll, dass du schon so vieles alleine kannst, und wenn du etwas mal nicht kannst, du es immer gerne lernen möchtest.*
*Ich habe sehr viel von dir gelernt, zum Beispiel dass du manches nicht so schnell kannst oder lernst wie wir, und ich dann Verständnis haben muss, das habe ich natürlich gerne. Ich finde dich immer sehr hilfsbereit. Und es tut mir sehr leid, wenn wir uns mal streiten und du dann weinst, weil ich mich gar nicht mit dir streiten will. Ich habe dich ganz, ganz doll lieb, auch wenn du manches nicht oder nur sehr langsam lernst (was nur selten vorkommt.)*
*Ich denke immer an dich, und ein Tag, an dem du nicht da bist, ist sehr traurig. Ein Leben* ***ohne dich*** *könnte ich mir gar nicht vorstellen!*

*Deine Daniela«*

Dieses Buch widmen wir Daniela. Sie schickte uns diesen Brief zum Jahreswechsel 2000 mit folgender Bitte: »Den Brief an meine Schwester habe ich geschrieben, damit er vielleicht in euer nächstes Buch kommt.«

Wir möchten Daniela diesen Wunsch erfüllen. Sie starb am 20. August 2001 bei einem tragischen Verkehrsunfall. Sie war 12 Jahre alt. Jana ist ihre 2 Jahre jüngere Schwester mit Down-Syndrom.

Ebenso möchten wir Tobias, 8 Jahre, zeigen, dass sein Wunsch gehört wurde. Seine Geschichte deutet den Grundtenor dieses Buches an: **Geschwister melden sich zu Wort.**

*»Wenn ich in meiner Familie den Ton angeben könnte:*
*Heute gebe ich als Klavier ein Konzert. Mein Publikum besteht aus Eltern, Geschwistern, Nachbarn, Freunden, die nicht mitspielen dürfen und zuhören müssen. Am liebsten spiele ich fröhliche, laute Lieder. Das Konzert soll ganz lange dauern, und ich höre erst auf zu spielen, wenn ich keine Lust mehr habe. Ich bestehe dann auf einen großen und langen Applaus.*
*Jeden Tag möchte ich ein neues Konzert geben. Sie müssen keinen Eintritt bezahlen.«*

Tobias hat zwei jüngere Geschwister, 4 und 2 Jahre, die 4-jährige Schwester ist schwerstbehindert. Seiner Familie ordnet er folgende Instrumente zu:

Papa – Klavier, Mama – Geige, 4-jährige Schwester – Saxophon, 2-jährige Schwester – Triangel.

# *Zum Geleit*

## *Bei aller Belastung eine Bereicherung*

Wir alle glauben zu wissen, dass es schwer ist, behindert zu sein. Wir können uns vorstellen, was die eine oder andere Behinderung für uns bedeuten würde. Nicht nur das Leben mit der Behinderung selbst, das Leben in der Gesellschaft mit dem Stigma des Behindertseins stellen wir uns ebenso zu Recht als anstrengend vor.

Auch das Leben der Eltern behinderter Kinder ist in vielerlei Hinsicht schwer. Ganz gleich, ob von Geburt an oder im Laufe des Lebens durch Krankheit oder Unfall verursacht, müssen Eltern behinderter Kinder Abschied nehmen von vielen Träumen und Wünschen, die sie in Bezug auf ihr Kind einmal hatten. Auch diese Einschätzung scheint gesellschaftlicher Konsens zu sein. Man weiß um den schmerzhaften Prozess, den Eltern durchlaufen beim Gewahrwerden der Behinderung ihres Kindes, und danach, wenn ihnen die Folgen für das ganze Leben ihres Kindes und damit auch für ihr eigenes Leben bewusst werden. Außerdem kennt man die vielen alltäglichen Belastungen von Eltern behinderter Kinder bei der Versorgung und Förderung ihres Kindes und auch die zusätzlichen Erschwernisse durch eine oft wenig hilfreiche Umwelt. Die Zumutbarkeit oder eigentlich die Nicht-Zumutbarkeit einer solchen Elternschaft spielte und spielt zum Beispiel in der Diskussion um Gen- und Reproduktionstechnologien eine wichtige Rolle. (Ganz übersehen wird dabei meist, dass es keine Vollkaskoversicherung für eine glückliche Elternschaft geben kann!)

Demgegenüber erscheint die Lage von *Geschwistern* behinderter Kinder eher unspektakulär. Geschwisterkinder Behinderter können sich ihrer Unversehrtheit erfreuen, sich scheinbar ungehindert entwickeln, soziale Kontakte zu Gleichaltrigen pflegen und ihren Weg gehen. Sicher, sie müssen vielleicht manchmal etwas mehr Rücksicht nehmen als andere Kinder und etwas zurückstecken bei der Aufmerksamkeit, die sie von ihren Eltern bekommen können, weil diese sich mehr um das behinderte Geschwisterkind kümmern müssen. Aber sonst? Ist ihre Situation wirklich so bemerkenswert, dass es Seminare und sogar Bücher extra für sie und über sie braucht?

Geschwisterbeziehungen sind für die meisten Menschen die längsten Beziehungen ihres Lebens. Lebenspartner und Freunde treten erst später in unser Leben ein und teilen nicht die Intimität unserer frühen familiären Erfahrungen. Und die Elterngeneration stirbt, während die Geschwister mit uns alt werden können. Geschwister sind die Menschen, mit denen wir meist über viele Jahre Freud und Leid geteilt haben, und dies in den Jahren unserer Kindheit und Jugend, die uns besonders prägen. Mit den Geschwistern haben wir unsere (Konkurrenz-) Kämpfe ausgefochten, Spiele gespielt und Sorgen geteilt. Wir haben sie beneidet oder bevormundet, geliebt, gehasst und bewundert. Je nachdem, wie unsere Erfahrungen miteinander in unserer gemeinsam verbrachten Lebenszeit waren, können wir uns auch als erwachsene Geschwister mehr oder weniger bedeuten, uns mehr oder weniger gut verstehen.

Worin liegt denn nun das Besondere, als Geschwister eines behinderten Kindes aufzuwachsen? Vielleicht muss es nicht immer etwas Besonderes sein. Aber für viele Geschwister eines behinderten Kindes stellen sich besondere Lebensfragen. Einige Beispiele:

- Warum bin ich nicht behindert? Muss ich als nicht behindertes Geschwisterkind nicht ein Leben lang froh und dankbar sein, dass nicht ich, sondern meine Schwester oder mein Bruder eine Behinderung hat?
- Kann ich nach Herzenslust konkurrieren mit meiner behinderten Schwester, meinem behinderten Bruder? Darf ich mich meiner Überlegenheit freuen, darf ich meinen im Spiel davongetragenen Sieg über meine behinderte Schwester genießen? Oder sollte ich besser keine Triumphgefühle aufkommen lassen, um meinen Bruder seine Beeinträchtigung nicht noch mehr spüren zu lassen?
- Darf ich mich meiner Leistungen unbefangen freuen, stolz darauf sein und mich dafür loben lassen, wo ich doch weiß,

dass mein behinderter Bruder, meine behinderte Schwester diese Leistung bei noch so viel Anstrengung nie erreichen könnte?

- Muss ich vielleicht besonders gute Leistungen erbringen, sozusagen Leistungen für zwei, vor allem in der Schule, damit meine Eltern wenigstens auf mich stolz sein können, und um zu beweisen, dass ich ganz bestimmt nicht behindert bin?
- Darf ich neidisch sein auf so viel Aufmerksamkeit, Rücksicht und Bewunderung für kleine Fortschritte und Leistungen meines behinderten Geschwisters, die von mir als selbstverständlich erwartet werden, über die kein Aufhebens gemacht wird? Und muss ich mich für solche Gefühle nicht schämen, wenn ich sie habe?
- Darf ich meine Freundschaften für mich alleine beanspruchen, wo ich doch weiß, wie viel schwerer es meine behinderte Schwester, mein behinderter Bruder hat, Freunde zu finden? Muss ich nicht bereit sein, meine Freunde und Freundinnen zu teilen, damit er oder sie sich nicht einsam fühlt?
- Und wenn wir älter werden und mein behinderter Bruder oder meine behinderte Schwester nicht mehr bei unseren Eltern leben kann, muss ich mein Leben nicht so einrichten, dass es meinem behinderten Geschwister eine Perspektive bietet? Darf ich überhaupt mein Leben unabhängig planen? Wäre das nicht rücksichtslos?

Viele Facetten solcher Grundthemen werden in dem vorliegenden Buch von Marlies Winkelheide und Charlotte Knees auf der Grundlage jahrzehntelanger Erfahrungen mit eben diesen Geschwistern behandelt.

Dabei interessiert eine Frage ganz besonders: Ist es möglich, die Situation von Geschwistern behinderter Kinder mit Empathie und Sensibilität zu schildern, die enormen, ihnen oft schon früh im Leben abverlangten Entwicklungsaufgaben realistisch und durchaus drastisch aufzuzeigen, sie in ihrer Betroffenheit und manchmal auch Verzweiflung über das, was sie ertragen müssen, zu Wort kommen zu lassen, ohne dass dies auf Kosten der behinderten Geschwisterkinder geht?

Ja, es ist möglich! Die Autorinnen bewältigen diese schwierige Gratwanderung mit Bravour und erliegen nicht der aus mancher Betroffenheitsliteratur bekannten Gefahr, schwarz-weiß zu zeichnen. (…) Behinderung, so erfahren wir, ist bei aller Belastung für die Geschwisterkinder auch eine Bereicherung ihres Lebens und unserer Gesellschaft. Behinderung bietet den Geschwisterkindern die Chance, an ihrer Auseinandersetzung damit zu reifen und Dimensionen des Lebens zu erfahren, die sich anderen erst viel später in ihrem Leben oder vielleicht nie erschließen.

Und noch eine Gratwanderung gelingt: Das Verständnis für die oft schwierige Situation der nicht behinderten Geschwisterkinder geht auch nicht zu Lasten der Eltern. Sicher sollen Eltern angeregt werden, sich in die Lage ihres nicht behinderten Kindes einzufühlen. Aber der Berg an Belastungen und Schuldgefühlen, mit dem sie als Eltern eines behinderten Kindes ohnehin oft schon zu kämpfen haben, wird nicht noch dadurch vergrößert, dass ihnen Schuld zugewiesen würde oder ihnen Vorwürfe gemacht werden. Geschwisterkinder bei ihrer Auseinandersetzung und ihrer Suche nach Antworten nicht alleine zu lassen, ist zwar wichtig, aber nicht alle wichtigen Aufgaben können und müssen die Eltern selbst übernehmen.

Die langjährigen Erfahrungen und die vielen Beispiele aus den Seminaren der Autorinnen zeigen, dass die Begegnung mit anderen Geschwisterkindern unter fachkundiger Begleitung hier eine wichtige Funktion hat, besonders für die Kinder, mitunter aber auch für die Eltern und die ganze Familie. Geschwisterkinder, die die Gelegenheit haben, so über ihre geschwisterlichen Beziehungen und deren Belastungen nachzudenken, sie eventuell zu verändern und, wo erforderlich, Grenzen zu ziehen, haben vermutlich eine gute Chance, ihre geschwisterliche Beziehung auch im Erwachsenenalter positiv zu gestalten. Sie müssten dann als nicht behinderte Geschwister weder »flüchten« noch »sich opfern«, sondern könnten gelernt haben, lebbare Kompromisse zu finden.

Bleibt zu hoffen, dass es auch in Zukunft Angebote auf der Grundlage der hier vermittelten Grundhaltungen und Erfahrungen geben wird.

*Prof. Dr. Ursula Pixa-Kettner*
*Bremen, Frühjahr 2003*

*(Ursula Pixa-Kettner ist Professorin an der Universität Bremen mit dem Schwerpunkt Behindertenpädagogik.)*

## *Beredtes Plädoyer für das Leben*

Als Marlies Winkelheide mich fragte, ob ich bereit wäre, ein Vorwort zu diesem Buch zu schreiben, empfand ich das als Ehre und Vertrauensvorschuss. Seit ich den Text kenne, möchte ich mich am liebsten beschränken auf: *Lesen Sie selbst!*

Was ist daran so besonders? Dass hier nicht Expertinnen legitimiert durch langjährige Erfahrung mit vielen Geschwisterkindern typische Merkmale, typische Probleme herausarbeiten, mit einer neuen Checkliste für eine Gruppe von Betroffenen aufwarten, sondern die Kinder und Jugendlichen selbst zu Wort kommen lassen und nur sparsam und mit äußerster Behutsamkeit Schlussfolgerungen und Erklärungsmuster anbieten. Dass sie einen Raum geschaffen haben, wo es möglich ist, über Schwierigkeiten zu sprechen und zu schreiben, ohne Angst haben zu müssen, dass dieses Sprechen und Schreiben Verrat am Bruder oder der Schwester, an der eigenen Familie bedeutet. Ich glaube zu wissen, dass die Angst vor Verrat bei Kindern, an die so besonders hohe Anforderungen und Erwartungen gestellt werden, noch schlimmer ist als bei anderen. Diese unzensierten Texte der Geschwisterkinder sind für mich eine Schule des genauen Sehens, des Hinhörens, eine Schule des Fühlens.

Immer wieder erlebe ich bei Lesungen, dass ein Kind oder ein Jugendlicher kopfschüttelnd sagt: »Du willst ja wirklich wissen, was ich denke!« Die Stimmen haben dabei einen ganz besonderen Klang, voll Verwunderung. Wenn es schon für andere so erstaunlich ist, dass jemand wirklich zuhört, um wie viel mehr für Kinder und Jugendliche, deren Hemmschwellen um so viel höher sind, gebaut aus den Erwartungen der Eltern, aus dem verletzend erlebten Unverständnis der Umwelt, aus den Anforderungen an sich selbst. Ich kann für mich sagen, dass diese Texte mir die Augen geöffnet haben, und zwar keineswegs nur für den Umgang mit »Geschwisterkindern« wie den in diesem Buch gemeinten, sondern für den Umgang mit Menschen überhaupt, jungen und alten. Ich würde mir wünschen, dass sich viele auf diese Erfahrung einlassen, die nebenbei auch die Auseinandersetzung mit der eigenen Geschichte bereichern kann.

Ich selbst lernte früh kranke und behinderte Menschen kennen, nicht nur weil ich die meiste Zeit in der Praxis meines Vaters verbrachte, der als Hausarzt immer ganze Familien betreute. In dem Haus, in dem wir wohnten, gab es 15 Mädchen und einen einzigen Buben, ein Kind mit Down-Syndrom. Tassilo war höchst zufrieden, bei unseren Vater-Mutter-Kind-Spielen das ewige Kind zu sein, und für uns war es selbstverständlich, dass er immer dabei war.

Viel später hatten sehr nahe Freunde einen Jungen, der schwerst spastisch behindert war und dazu häufig lebensbedrohliche Asthmaanfälle hatte. Als Jakob mit 4 Jahren starb, erlebte ich zum ersten Mal aus der Nähe, wie Freunde und Bekannte die Eltern trösten zu müssen glaubten: »Jetzt könnt ihr endlich wieder euer eigenes Leben führen, Jakob ist ja so viel besser aufgehoben.« Es war, als wäre die Trauer der Eltern eine Zumutung für die Umwelt. Etwa zur selben Zeit lud mich Marlies Winkelheide ein, eine Schreibwerkstatt mit jungen Behinderten zu leiten. Anfangs glaubte ich noch, alles »richtig« machen zu müssen, was auch zu einer ganz neuen und sehr spannenden Auseinandersetzung mit meinem eigenen Schreiben führte. Am vorletzten Abend der ersten Schreibwerkstatt verlor ich die Nerven und brüllte einen der Teilnehmer an, dem seine Eltern mit dem Namen Franz-Josef ein Programm gegeben hatten, das nicht seines war. Mitten in mein ungeheures Erschrecken grinste er und sagte: »Jetzt weiß ich, dass du mich magst.«

Was ich in diesen Werkstätten von und mit den Teilnehmerinnen und Teilnehmern gelernt habe, ist seither vielen und sehr unterschiedlichen Gruppen zugute gekommen. Zwei meiner Bücher sind direkt auf die Arbeit mit Geschwisterkindern zurückzuführen.

Die Ausgrenzung, die behinderte Menschen immer noch erfahren und die ihre Angehörigen miteinschließt, kann sich als Mitleid tarnen.

Erst unlängst hörte ich wieder einmal in der U-Bahn eine freundliche Frau sagen: »Ich kann da gar nicht hinschauen, sie tun mir zu Leid, sogar im Fernsehen dreh ich immer ab, wenn so etwas kommt.« Um dieses »Mitleid« – von dem mir ein 16-jähriger an MS erkrankter Jugendlicher sagte, es sei die Feuerzange, mit der sie ihn anfassen – erträglich zu machen, behaupten viele: »Die spüren das ja nicht so, die sind das gewöhnt«. Ich bin überzeugt davon, dass es bedeutet, einem Menschen die Menschenwürde abzusprechen, wenn ihm die Fähigkeit zum Leiden abgesprochen wird.

Es scheint, dass Kinder ein umso größeres Bedürfnis haben, eine umso größere Verpflichtung fühlen, ihre Eltern zu schonen, je schwieriger ihre Situation ist. Bei Geschwistern behinderter Kinder geht diese Schonung bis zur völligen Selbstüberforderung. Das ist eine der vielen Folgerungen, die wir aus diesem Buch mitnehmen können, gerade weil sie ohne jedes Pathos, ohne Selbstmitleid zwischen den Zeilen deutlich wird. Vor allem aber ist das Buch ein beredtes Plädoyer für das Leben, eine Absage an alle Vorbedingungen, und darum wichtig und tröstlich auch für die, die meinen, nicht betroffen zu sein.

*Renate Welsh-Rabady*
*Wien, Frühjahr 2003*

*(Renate Welsh-Rabady ist Schriftstellerin und hat verschiedene Kinder- und Jugendbücher zum Thema Behinderung geschrieben.)*

*… doch Geschwister sein dagegen sehr*

# *1. Jedes Familienmitglied ist wichtig*

## *Eine Einführung*

Vor mehr als 20 Jahren sind wir auf die Lebenssituation der Geschwister von Kindern mit Behinderung aufmerksam geworden: Marlies Winkelheide durch die Anfrage von Eltern, die sie im Rahmen von Familienseminaren begleitete. Sie wünschten sich ein Angebot, das den Geschwisterkindern in einer Gruppe von ähnlich Betroffenen die Gelegenheit zum Austausch geben sollte. Charlotte Knees in ihrer Funktion als Musiktherapeutin, die beobachtete, dass Eltern oft gezwungen waren, die nicht behinderten Geschwister zu Therapien mitzunehmen, und daraus eine Situation entstand, in der es sehr schwierig wurde, sowohl dem Kind mit Behinderung als auch dem nicht behinderten Geschwisterkind gerecht zu werden.

Gemeinsam arbeiten wir seit 15 Jahren in speziell für Geschwisterkinder konzipierten Seminaren zusammen. Ausgangspunkt waren Tagungen für Familien mit behinderten Kindern, die es uns ermöglichten, den Blick für die Bedürfnisse jedes einzelnen Familienmitgliedes zu schärfen – Vater, Mutter, Kind beziehungsweise Kinder mit Behinderung und die Geschwisterkinder. Jedes Familienmitglied ist wichtig und muss in seiner Individualität anerkannt und ernst genommen werden. Die Lebenssituation des Kindes mit Behinderung bringt Anforderungen mit sich, denen sich die Bedürfnisse der anderen Familienmitglieder anzupassen, wenn nicht unterzuordnen haben. Gerade die nicht behinderten Geschwister geraten dabei, zumindest zeitweise, aus dem Blickfeld. In der heutigen Zeit, in der über leise Töne oftmals hinweggegangen wird, gelingt es diesen Kindern nicht, sich entsprechend bemerkbar, auf ihre Lebensumstände aufmerksam zu machen.

*Schritte*

Unser Anliegen ist, sie ganz bewusst wahrzunehmen, ihren Fragen und Bedürfnissen nachzugehen, sie dabei zu unterstützen, sich zu Wort zu melden, um ihre wertvollen Erfahrungen und Erkenntnisse einer interessierten Öffentlichkeit zur Verfügung zu stellen.

Wir gehen davon aus, dass Kinder, die lernen, sich selbstbewusst mit sich und ihrer Lebenssituation auseinander zu setzen, fähig sind, sowohl in der Familie als auch in der Gesellschaft ihren Beitrag zu einem gemeinschaftlichen Zusammenleben zu leisten. Das gilt sowohl für die Kinder mit Behinderung als auch für die nicht behinderten Geschwister.

Wir sind überzeugt davon, dass die Auseinandersetzung, die von den Geschwisterkindern geführt wird, dazu beiträgt, die Situation der Kinder mit Behinderung innerhalb der Familie differenzierter zu sehen.

Unser Zugang ist in erster Linie die Erfahrung mit den Kindern selbst. Sie zu ermutigen, über sich und ihre Lebenserfahrungen zu sprechen, ihnen dabei zuzuhören und ihnen zu vermitteln, dass sie wichtige Aussagen machen, sehen wir als wesentlichen Teil unserer Begleitung. Wir geben auf unterschiedliche Art und Weise Anstöße, schlagen Ausdrucksformen vor, die neben der verbalen Kommunikation kreative Elemente wie bildnerisches Gestalten, Musik oder Rollenspiele enthalten.

An dieser Stelle möchten wir den vielen Kindern, Jugendlichen und erwachsenen Geschwistern unseren Dank aussprechen, die sich auf den Dialog mit uns und anderen Betroffenen eingelassen, Geschichten zu unterschiedlichen Fragestellungen geschrieben und diese Aufzeichnungen für dieses Buch zur Verfügung gestellt haben. Viele haben bei dieser Gelegenheit ausgesprochen, dass sie dazu beitragen wollen, auf ihre Situation aufmerksam zu machen, um denjenigen, die in einer ähnlichen Lebenssituation sind, zu vermitteln, dass sie nicht allein sind, auch wenn in ihrer unmittelbaren Umgebung niemand ist, der vergleichbare Erfahrungen mit ihnen teilen könnte.

Kinder begleiten zu dürfen, die nicht die eigenen sind, setzt das Vertrauen der Eltern voraus. Es ist nicht selbstverständlich, Kinder für einen bestimmten Zeitraum in Gruppen zu schicken, die von fremden Erwachsenen geleitet werden. Unser Dank gilt den vielen Eltern, die uns ihr Vertrauen geschenkt haben.

Die Fragen der Kinder sind für uns immer wieder die Basis für weitere Auseinandersetzungen, die wir in langen Gesprächen mit MitarbeiterInnen, in der Supervision mit Fachleuten sowie durch die intensive Beschäftigung mit der Literatur führen. Gedanken aus ganz unterschiedlichen Richtungen sind der Anstoß für Überlegungen, die zur Reflexion der Erfahrungen beitragen und gleichzeitig Impuls für Weiterentwicklung sind.

Wir verstehen uns in jeder neuen Begegnung mit Kindern als Lernende. Immer wieder gilt es, mit einem Kind genau das herauszufinden, auf das es uns hinweisen will. Dabei ist nicht gefragt, mit vorgefertigten Theorien und Hypothesen genau das zu erfahren, was man »ohnehin schon gewusst« hat, sondern ohne Vorbehalt sich mit dem Kind »auf die Suche« zu begeben. Grundlage sind Achtung und Respekt vor der Persönlichkeit, den aktuellen Lebensumständen und der Lebensgeschichte. Ziel ist, das Kind dabei zu begleiten, seinen eigenen Platz zu finden. Das wollen wir für die LeserInnen erfahrbar machen.

Jedes Kapitel dieses Buches ist als ein möglicher Zugang, den Anliegen der Geschwisterkinder näher zu kommen, zu verstehen. Wir verzichten bewusst auf Verknüpfungen und überlassen es dem Leser, der Leserin, Inhalte mit eigenen Erfahrungen in Verbindung zu bringen. Die einzelnen Themen sollen Raum lassen, eigene Sichtweisen zu entwickeln und die von uns angedachten Erklärungsangebote kritisch zu hinterfragen.

Es ist uns bewusst, dass wir nicht alle Sichtweisen, Blickwinkel, Perspektiven im Rahmen dieses Buches berücksichtigen können, und wir möchten diejenigen um Nachsicht bitten, die für sie wichtige Aspekte vermissen.

Wenn es uns gelingt, Eltern, LehrerInnen, Fachleute, alle diejenigen, die sich angesprochen fühlen, für die Bedürfnisse der Geschwister von Kindern mit Behinderung zu sensibilisieren und den Geschwistern selbst das Gefühl zu vermitteln, sich mit ihren Anliegen und Fragen wiederzufinden, haben wir unser Ziel erreicht.

***»Wie, wann, wieviel – warum?***

*Ich ahne viele Fragen, die auf Antwort warten, Zweifel, die Aufklärung fordern. Und ich antworte: »Ich weiß nicht«.*
*Immer, wenn du ein Buch aus der Hand legst und beginnst, den Faden eigener Gedanken zu spinnen, hat das Buch sein angestrebtes Ziel erreicht. Wenn du rasch umblätterst – Vorschriften und Rezepte suchst und dich ärgerst, dass es so wenige sind –, wisse, falls es da Ratschläge und Hinweise gibt, entspricht das nicht dem Willen des Autors.*
*Ich weiß nicht und kann nicht wissen, wie mir unbekannte Eltern unter unbekannten Bedingungen ein mir unbekanntes Kind*

*erziehen können – ich betone können, nicht wollen und auch nicht sollen.*
*»Ich weiß nicht«, das ist in der Wissenschaft der Ur-Nebel, aus dem die sich neu formenden Gedanken auftauchen, und sie kommen der Wahrheit immer näher. »Ich weiß nicht«, das ist für den mit dem wissenschaftlichen Denken nicht vertrauten Geist eine quälende Leere.*
*Das schöpferische »Ich weiß nicht« des modernen Wissens vom Kind ist wunderbar, voller Lebendigkeit, voller hinreißender Überraschungen – und ich möchte lehren, es zu verstehen und zu lieben.*
*Ich möchte, dass man versteht, dass kein Buch, kein Arzt (kein Pädagoge, Ergänzung d. Ver.) den eigenen aufmerksamen Gedanken, die eigene genaue Betrachtung ersetzen können.«*

*Janusz Korczak, Wie man ein Kind lieben soll*

# 2. *Behutsame Annäherung*

## *Ein »typisches« Geschwisterkind?*

Von welchen Kindern soll hier die Rede sein und warum ist es uns wichtig, von ihnen zu sprechen? Es ist eine Gruppe von Kindern, die lange Zeit wenig Beachtung fand, in letzter Zeit jedoch zunehmend in den Mittelpunkt des Interesses von Fachleuten der Sozialpädagogik und Psychologie rückt. Wir sind in den letzten 20 Jahren im Rahmen von Seminarangeboten für Geschwister vielen dieser Kinder begegnet.

Was charakterisiert sie – die Geschwister behinderter Kinder?

Sprechen Dritte über Geschwister eines Kindes mit Behinderung, werden oft bestimmte Eigenschaften oder Verhaltensweisen als »typisch« etikettiert. Da heißt es etwa: »Geschwisterkinder sind überangepasst. Sie müssen immer zurückstehen. Sie kommen zu kurz mit ihren Bedürfnissen, da die Eltern kaum Zeit für sie haben. Sie übernehmen früh Verantwortung und sind sozial engagiert. Man kann auch von ihnen erwarten, dass sie sich um schwächere Mitschüler kümmern, schließlich sind sie das ja von ihrem Bruder, ihrer Schwester so gewöhnt …« Oder: »Kein Wunder, dass dieses Kind Schulschwierigkeiten macht, die Eltern haben auch nicht wirklich Zeit, um sich zu kümmern, braucht doch das behinderte Kind alle Aufmerksamkeit in der Familie. Das kann auch nicht normal sein, dass ein Jugendlicher mit 13 Jahren freiwillig auf den behinderten Bruder aufpasst. Er wird schon noch rebellieren, wahrscheinlich zu einem Zeitpunkt, an dem das niemand mehr erwarten wird …«

Das »typische« Geschwisterkind gibt es nach unseren Erfahrungen nicht. Persönlichkeit, Familienkonstellation, Alter, Stellung in der Geschwisterreihe, soziales Umfeld, um nur einige Faktoren aufzuzählen, sind prägend für die Entwicklung der Individualität jedes Menschen.

*Ein Bruder mit seinen Geschwistern*

Das gilt selbstverständlich auch für jedes Geschwisterkind. Trotzdem wollen wir in diesem Buch der Frage nachgehen, ob es etwas Verbindendes gibt, das durch die Lebenssituation dieser Kinder bedingt ist.

Unser Angebot, Seminare für Geschwister von Kindern mit Behinderung zu organisieren, basiert auf dem Grundgedanken, Gruppen zu initiieren, in denen sich Kinder treffen, die durch ihre spezielle Lebenssituation ein gemeinsames Thema haben. In ihrem normalen Lebensumfeld sind sie oft vereinzelt, haben keine Ansprechpartner, die aufgrund einer ähnlichen familiären Situation Erfahrungen teilen könnten. Sie stoßen auf Unverständnis bei KlassenkameradInnen bis dahin, dass sie in eine Außenseiterrolle gedrängt werden, aus der es nur schwer gelingt, wieder herauszukommen.

Innerhalb der Familie ist der Großteil der Aufmerksamkeit auf die Bedürfnisse des Kindes mit Behinderung gerichtet. Geschwister werden zur Hilfestellung aufgefordert, für ihre Bedürfnisse bleibt, von der Gesamtsituation her betrachtet durchaus verständlich, wenig Zeit. Sie müssen »funktionieren«, damit das oft mühsam errungene Arrangement für die Alltagsbewältigung nicht gefährdet wird. In der Regel sind sie bestrebt, ihren Teil zum Gelingen des familiären Lebens beizutragen. Sie nehmen ihre Lebenssituation auch als »normal« an, stellen aber dabei fest, dass sich ihr Alltag von dem Gleichaltriger unterscheidet. Um den Eltern »nicht zusätzlich Kummer zu machen«, sind sie bereit, sich anzupassen, »unauffällig zu sein«. Gelingt ihnen das nicht, sind sie gezwungen, über Verhaltensauffälligkeiten, Schulschwierigkeiten, psychosomatische Störungen auf sich aufmerksam zu machen.

Wer sind sie – die Geschwister behinderter Kinder? Was verbindet? Was erwarten sie? Was sagen sie über sich selbst?

An diese Fragen wollen wir in diesem Buch anknüpfen: Aussagen von Geschwistern, die sie im Rahmen von Seminaren oder in persönlichen Gesprächen gemacht haben, stehen im Mittelpunkt. Wir gehen auf sie ein und hinterfragen sie. Manchmal erlauben wir uns Interpretationen. Sie stellen für uns Denkanstöße dar, die uns anregen, bei der Suche nach Antworten nicht eingleisig, sondern offen für unterschiedliche Richtungen zu denken.

Die Aussagen der Kinder stehen uns in Form von Verlaufsdokumentationen, die wir gemacht haben, oder als schriftliche Aufzeichnungen, die von den Kindern selbst erstellt wurden, zur Verfügung. In jedem Fall haben wir das Einverständnis der Kinder eingeholt, hier ihre Gedanken öffentlich zu machen.

Unsere Anteile sind zum einen die Impulse zu Gesprächen und zum anderen das aufmerksame Zuhören bei all dem, was die Kinder uns mitteilen. Unser Anliegen ist es, einen Beitrag zu leisten, dass Geschwister mit ihren Anliegen zu Wort kommen, gehört und verstanden werden.

Wer wird Interesse an diesem Buch haben? Wer könnte Interesse daran haben, Geschwister von Kindern mit Behinderung besser zu verstehen? Wir denken an drei Zielgruppen: *Eltern von Kindern mit Behinderung; Fachleute aus unterschiedlichen Bereichen*, aus Frühförderung, Kindergarten, Schule, Institutionen; *Geschwister selbst.* Sie können aus ihrer eigenen Erfahrung heraus prüfen, ob die von uns beschriebenen Inhalte ihren Fragestellungen nahe kommen. Für ihre spezifischen Fragestellungen sind die Geschwister von Kindern mit Behinderung ExpertInnen.

Im Laufe von 20 Jahren sind wir mehr als 2000 Geschwisterkindern begegnet, Jungen und Mädchen im Alter von 6 bis 18 Jahren, Männern und Frauen, die sich als Erwachsene mit ihrer Rolle als Bruder oder Schwester eines behinderten Menschen auseinander setzen. Kinder im Vorschulalter sind uns auf Familientagungen begegnet. (Wir werden später näher darauf eingehen, wie sich die Altersstruktur in den einzelnen Gruppen zusammensetzt.)

Im Rahmen von Bildungsangeboten, Vorträgen, Gesprächen mit Eltern, Informations- und Beratungsgesprächen mit Geschwistern haben wir zugehört und versucht, die geäußerten Anliegen zu verstehen. Wir haben immer wieder neue Fragen kennen gelernt und sind ihnen nachgegangen. Wir haben versucht, die gemeinsamen Themen zu erkennen.

Um unseren Zugang zu der Begleitung von Kindern verständlich zu machen, ist es unumgänglich, die Haltung und pädagogischen Leitlinien von Janusz Korczak (1878–1942, jüdischer Arzt, Pädagoge, Schriftsteller) zu skizzieren. Wir tun es hier mit zwei Zitaten:

*»Das Kind wird nicht erst Mensch, es ist einer.«*

*»Ihr sagt: ›Der Umgang mit den Kindern ermüdet uns.‹ Ihr habt recht. Ihr sagt: ›Denn wir müssen zu ihrer Begriffswelt hinuntersteigen. Hinuntersteigen, uns hinabneigen, beugen, kleiner machen.‹ Ihr irrt euch. Nicht das ermüdet uns. Sondern – dass wir zu ihren Gefühlen empor klimmen müssen. Empor klimmen, uns ausstrecken, auf die Zehenspitzen stellen, hinlangen. Um nicht zu verletzen.«*

Diese Aussagen leiten uns in den Begegnungen mit Kindern. Im speziellen Fall in der Begegnung mit Geschwistern von Kindern mit Behinderung. Im Sinne des Zitates von Korczak haben wir die Erfahrung gemacht, dass es sich lohnt, sich »auf die Zehenspitzen zu stellen«, um zuzuhören, sie sprechen zu lassen, uns mit ihnen auf die Suche nach möglichen Antworten auf ihre Fragen zu machen.

## *Ein »ausreichendes« Geschwisterkind?*

*Beispiel: Arbeitseinheit im Rahmen eines Wochenendseminars für eine Gruppe von 15 Kindern und Jugendlichen im Alter von 7 bis 15 Jahren.*
Vorweg bedarf es für das weitere Verständnis dieses Beispiels einer kurzen Einführung in die Methode des »Stimmungsbarometers«.

Es ist uns wichtig, für die aktuelle Befindlichkeit und jeweilige Stimmung der Kinder Ausdrucksmöglichkeiten anzubieten. Mit dem »Stimmungsbarometer«, das wir in Form unterschiedlicher Symbole darstellen, zeigt jedes Gruppenmitglied unkompliziert und rasch an, »wie es sich gerade fühlt«. Nicht nur für MitarbeiterInnen, sondern auch für die Kinder wird daraus ersichtlich, ob jemand in der Gruppe »stimmungsmäßig nicht gut drauf« ist. In einem zweiten Schritt wird auf diese Anzeige reagiert – diejenigen, die negative Stimmung signalisiert haben, werden darauf angesprochen, ob diese Stimmung mit dem Gruppengeschehen zu tun oder eine ganz andere Ursache hat. In jedem Fall geht es darum, einen Impuls zu geben, dass über Stimmungen gesprochen, kommuniziert werden kann und dass es hilfreich sein kann, darauf angesprochen zu werden.

Mareile (7 Jahre) zeigt auf ihrem Barometer an, dass sie in schlechter Stimmung ist. Auf Nachfrage erzählt sie folgende für sie gerade hochaktuelle Geschichte:

»Ich habe für das Wochenende eine Hausaufgabe auf, die ich nicht lösen kann. Ich soll mich einschätzen, nicht meine Zensuren, sondern *mich!* Ich bin gut in der Schule, meine Zensuren einzuschätzen fällt mir nicht schwer. Aber was soll ich denn sonst einschätzen? Ich weiß nicht, wie? Ich will das auch nicht!«

Mareile geht in die zweite Klasse und fühlt sich durch diese Aufgabenstellung überfordert. In der Gruppe der Geschwister wird die Selbst-Einschätzung zum Thema. Es kommt zu einer Diskussion, in deren Verlauf sich das Gespräch unter den Kindern und Jugendlichen der Fragestellung zuwendet, wie sie sich als Geschwister von Kindern mit Behinderung einschätzen würden. Ein Kind gibt den Anstoß:

»Wir geben uns mal ein Zeugnis als Geschwisterkinder!«

Mit großer Aufmerksamkeit lassen sich alle Kinder auf den folgenden Prozess ein. Erste Aufgabe ist, »Fächer« zu suchen, die zu beurteilen wären. Eine Mitarbeiterin notiert die von den Kindern genannten Begriffe:

- Rücksicht nehmen
- Geduld haben
- Vernünftig sein
- Auf das Geschwisterkind aufpassen
- Erfinderisch sein
- Verständnis haben
- Durchsetzungsvermögen
- Ausdauer haben
- Nachgeben können
- Sich nicht wehren können
- Vorbild sein
- Richtige Zeitpunkte für eigene Fragen finden
- Sich dem Rhythmus anderer anpassen können
- Aufmerksam sein
- Sprachen lernen, für die es kein Wörterbuch gibt (von den Kindern wird der Begriff »Behindisch« geprägt)

Von den Kindern wird mit hoher Konzentration an dieser selbst gestellten Aufgabe weitergearbeitet: Die als Beurteilungsgrundlage genannten »Fächer« sehen sie als die Leistungen, die sie in der Familie für ihren Bruder, ihre Schwester mit Behinderung und für ihre Eltern erbringen. Es gäbe noch mehr »Fächer«, wenn der gesamte Alltag berücksichtigt würde. Für den Augenblick reichen die angeführten Begriffe aus. Die Kinder sind selbst erstaunt, welche »Leistungen« sie genannt haben. In Schulzeugnissen wären sie nicht zu finden, allenfalls in schriftlichen Beurteilungen. Als Beispiele nennen die Kinder: »Er hat wenig Geduld.« »Seine Ausdauer muss ausgeprägter werden.« »Sie sollte lernen, sich nicht immer in den Mittelpunkt zu stellen.«

Der nächste Schritt ist die tatsächliche Beurteilung – schließlich geht es um »Zeugnisse für Geschwister«. Dazu einige wörtlich wiedergegebene Aussagen der Kinder:

Markus, 12 Jahre: »Manches von dem, was wir oben gesagt haben, kann ich gut, manches kann ich nicht so gut. Aber wenn ich ein Zeugnis für diese ›Fächer‹ bekommen würde, müsste meine Mutter wegen mir nicht so oft in der Schule erscheinen.«

Fabian, 10 Jahre: »In ›Rücksicht nehmen‹: 1. Die Zensur passt. Aber ich werde *dazu gezwungen*, immer Rücksicht zu nehmen. Gegen meine Schwester komme ich einfach nicht an, da ist es besser, ich nehme gleich Rücksicht.«

Alexander, 10 Jahre: »Ich würde mir in ›Rücksicht nehmen‹ auch eine 1 geben, meine Mutter würde mir höchstens eine 4 geben. Sie ermahnt mich immer, mehr Rücksicht zu nehmen. Sie sagt: ›Du bist zwar der Jüngere, aber Petra kann das nicht verstehen.‹ Meine Mutter ahnt gar nicht, wie anstrengend das ist, denn meine behinderte Schwester weiß, wie sie das ausnutzen kann.«

Stefan, 11 Jahre: »In ›Sich nicht wehren können‹ bin ich ganz gut. Ich müsste hier ein besonderes Lob bekommen. Ich kann mich aber doch gar nicht wehren. Meine Schwester kann nichts dafür, dass sie so ist, wie sie ist. Sie ist die Schwächere. Wie soll ich mich da wehren? Manchmal würde ich das schon gerne. Aber wenn ich es versuche, verliere ich ohnehin, denn meine Eltern stehen immer auf ihrer Seite. Und wenn ich dann schreie, weil ich mich damit wehren will, bekomme ich Ärger. Wenn ich ihr mal eine zische, schäme ich mich dafür. Also, was soll's? Sie kann ja nichts dafür. Mit meinem kleinen Bruder kann ich mich streiten und mich gegen ihn zur Wehr setzen. Können wir übrigens noch ein Fach einfügen, das ›Ärger runterschlucken‹ heißt?«

Matthias, 12 Jahre, mit viel Emotion: »Verdammt, das geht nicht so mit den Zensuren. Das muss ganz anders aussehen! Wie, weiß ich auch nicht, und wer uns dabei wirklich helfen könnte, kann ich nicht sagen. Unsere Eltern würden uns ja schlechter beurteilen, als wir es eigentlich sind, damit wir uns noch mehr anstrengen. *Wir* müssen uns schon wirklich selbst einschätzen, denn wir wissen selbst, was wir tun und was wir können, und wir spüren sehr gut, wobei uns die anderen noch anders haben wollen. Aber uns fragt ja keiner danach. Oder werdet ihr zu Hause danach gefragt?«

Er hat die ungeteilte Aufmerksamkeit der Gruppe bei dieser Wortmeldung. Bei der Vorstellungsrunde sagte er über sich, er sei in der Schulklasse immer der Clown, ihm ginge da so viel auf den Geist. Hier spricht er von sich und seinen Gefühlen, und darüber hinaus bringt er zum Ausdruck, was für viele der Kinder hier Thema ist. Er nimmt in dieser Auseinandersetzung die Rolle des Gruppensprechers ein, nicht die des Klassenclowns. Von der Gruppe wird ihm Aufmerksamkeit und Anerkennung entgegengebracht, nicht Gelächter.

In diesem Prozess zu Fragen der eigenen Einschätzung und Beurteilung kommen die Kinder immer wieder zu der Erkenntnis, dass es schwierig ist, Kriterien zu finden und diese differenziert anzuwenden.

Wie muss »man« sein, welche Kriterien gilt es zu erfüllen, um ein »sehr gutes«, ein »gutes« oder ein »ausreichendes« Geschwisterkind zu sein? Könnte die Beurteilung »mangelhaft« oder »nicht genügend« lauten, und auf welchen Grundlagen wird sie getroffen?

Verpackt in die Diskussion um Beurteilung und Bewertung von Verhalten sind zentrale Fragen der Kinder und Jugendlichen:

- Was kann ich?
- Was wird von mir verlangt?
- Was will ich?
- Was muss ich lernen? Was möchte ich lernen?
- Wobei brauche ich Unterstützung?

Das Thema begleitet uns während des ganzen Wochenendes, es lässt die Gruppe nicht los.

Wir alle bekommen eine Ahnung davon, dass wir damit ein sehr umfangreiches, nicht zu einem Ende kommendes, ein lebensbegleitendes Thema angesprochen haben. Eines, auf das wir, Kinder, Jugendliche und Erwachsene, die sie begleiten, immer wieder zurückkommen werden.

Dieses Beispiel steht exemplarisch für das, was Geschwisterkinder selbst über sich aussagen. Es ist eines von vielen, die uns als Anknüpfungspunkte dienen, um mehr über diese Gruppe von Kindern in Erfahrung zu bringen, um nicht auf Aussagen über sie, die leicht zu Etikettierungen und Klischees führen, zurückgreifen zu müssen.

## *Wer sind sie – die Geschwister von Kindern mit Behinderung?*

- Es sind Kinder, Jugendliche und Erwachsene, die zu einem frühen Zeitpunkt in ihrem Leben andere als die »normalen Lebensbedingungen« antreffen.
- Ihre Kindheit ist geprägt vom Zusammenleben mit einem oder mehreren Menschen, die »anders« sind.
- Dieses Zusammenleben bringt die Geschwister von Kindern mit Behinderung in eine spezifische Auseinandersetzung.
- Diese Auseinandersetzung wirft viele Fragen auf.
- Sie entwickeln eine hohe Sensibilität für Fragen im zwischenmenschlichen Bereich.
- Soziale Kompetenz wird von ihnen verlangt, manchmal sogar selbstverständlich eingefordert, weil sie durch den Um-

gang mit dem behinderten Geschwisterkind »ohnehin gelernt haben«, sozial kompetent zu sein.

- Sie werden so oftmals in die Rolle der Lehrenden oder der Vorbilder im Umgang mit Menschen mit Behinderung gedrängt, ohne je selbst das Angebot gehabt zu haben, diesen Umgang lernen zu können.
- Die Leistungen, die sie erbringen, werden von den Erwachsenen oft als selbstverständlich angenommen. Es sind Tugenden, die innerhalb der Gruppe Gleichaltriger oft nicht wahrgenommen werden oder keinen hohen Stellenwert haben.

Das unterscheidet sie von anderen Kindern/Menschen:

- Die nicht selbst gewählte Erfahrung, mit behinderten Menschen in der Familie zusammenzuleben – eine Herausforderung, der sich Menschen in der Regel nicht freiwillig stellen.
- Diese Lebenssituation stellt besondere Anforderungen, sowohl in der Alltagsbewältigung als auch in der Persönlichkeitsentwicklung.
- Es bedarf der Entwicklung von Anpassungsstrategien, um sich mit diesen Lebensumständen zu arrangieren und zurechtzufinden.

Wozu fordern uns diese Punkte heraus?

- Genau hinzuhören, um Signale zu verstehen und Botschaften aufzunehmen.
- Den Aussagen der Geschwisterkinder Beachtung zu schenken.
- Sie auf ihre »Leistungen« aufmerksam zu machen und die entsprechende Anerkennung auszusprechen.
- Unsere Aufmerksamkeit auf die Anliegen der Kinder zu richten.
- Zu erkennen, wo zu viel von ihnen verlangt wird.
- Ihnen einen Raum zu schaffen, der sie ermutigt, über sich und ihre Lebenssituation zu sprechen, sich mit anderen, ähnlich Betroffenen auszutauschen.

- Ihnen ein Forum zu verschaffen, um ihre Botschaften öffentlich zu machen.
- Sie als ExpertInnen in eigener Sache anzuerkennen, mit der Bereitschaft, aus ihren Erfahrungen selbst Lernerfahrungen zu gewinnen.

# 3. *Der »kleine große« Bruder*

## *Kindliche Entwicklung und Geschwisterkonstellationen*

Um die individuelle Situation eines Geschwisterkindes beurteilen zu können, sind unterschiedliche Faktoren zu berücksichtigen:

- Familienkonstellation – familiäres Umfeld
- Alter des Kindes – Entwicklungsphasen
- Stellung in der Geschwisterreihe
- Soziales Umfeld
- Schulsituation
- Biografischer Hintergrund der Familienmitglieder, die in engem Kontakt zu den Geschwisterkindern stehen
- Schichtzugehörigkeit
- Zugang zu Bildungsangeboten
- Kulturelles Umfeld
- Geschlecht des Kindes mit Behinderung
- Geschlecht des Geschwisterkindes

In diesem Kapitel werden wir auf die ersten drei Punkte näher, wenn auch in sehr kompakter Form eingehen. Wir möchten zeigen, worauf geachtet werden muss, um Fragestellungen von Geschwisterkindern verstehen und einordnen zu können. Außerdem möchten wir Anhaltspunkte nennen, anhand derer die Ursachen etwaiger Probleme geortet werden können. Im konkreten Einzelfall ist es notwendig, neben der exakten Analyse der Lebenssituation des Kindes die entsprechende Fachliteratur vertiefend heranzuziehen.

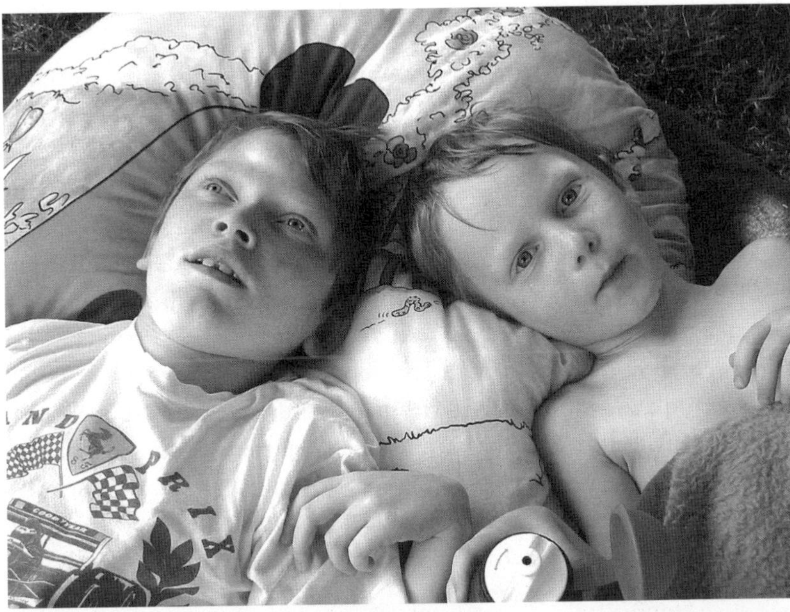

*»Kleiner großer« Bruder*

## *Familienkonstellation – familiäres Umfeld*

Das Bild der typischen Familie in Mitteleuropa Anfang des 20. Jahrhunderts (Vater, Mutter, 5 bis 6 Kinder) hat sich im Laufe der letzten 100 Jahre drastisch verändert. Die durchschnittliche Zahl der Kinder von 3 in der Zwischenkriegszeit sank in den 1950er und 1960er Jahren auf 2 ab und liegt jetzt bei 1,5 Kindern pro Familie, statistisch belegt für die Bundesrepublik Deutschland. Nicht mehr vergleichbar mit den Familien »von früher« sind Familien heute, zumal die »klassische« Konstellation (Mutter, Vater und deren leibliche Kinder) zunehmend von anderen Formen des Zusammenlebens abgelöst wird.

Durch die Zunahme von Trennungen und Scheidungen oder auch durch den Tod eines Elternteiles entstehen einerseits Familien, in denen ein Elternteil die Verantwortung der Erziehung als Alleinerziehende/r übernimmt, andererseits so genannte Patchworkfamilien durch das Eingehen neuer Partnerschaften. Zu den leiblichen Geschwistern kommen Adoptiv-, Pflege- und Stiefgeschwister.

Die Klärung der Beziehungsstrukturen wird zur Aufgabe aller, die in einer neuen Familie für einen nicht vorherbestimmbaren Zeitabschnitt zusammenleben werden. Für Geschwister von Kindern mit Behinderung ergeben sich sehr unterschiedliche familiäre Formen.

Nachfolgend einige Familienkonstellationen, denen wir im Rahmen der Seminararbeit begegnet sind:

*Beispiel 1:* Das Kind mit Behinderung und das nicht behinderte Geschwisterkind leben bei der leiblichen Mutter. Der Vater ist aus dem gemeinsamen Haushalt ausgezogen. Die Kinder leben beim Vater, die Mutter ist aus dem gemeinsamen Haushalt ausgezogen.

*Beispiel 2*: Das Kind mit Behinderung lebt bei der Mutter, das nicht behinderte Geschwisterkind beim Vater. (Auch umgekehrt.)

*Beispiel 3:* Das behinderte Kind lebt bei der Mutter. Das Geschwisterkind lebt beim Vater, dessen neue Lebenspartnerin ein Kind hat. Es entsteht die Situation: Trennung vom leiblichen Geschwister mit Behinderung, Zusammenleben mit Stiefgeschwister.

*Beispiel 4:* Das Kind mit Behinderung und die Geschwister mit Behinderung leben bei der Mutter. Der neue Lebenspartner bringt Kinder in die Familie mit. Es entsteht die Situation: Zusammenleben mit Stiefgeschwistern. Die Stiefgeschwister leben mit einem Geschwister mit Behinderung zusammen.

*Beispiel 5:* Beide Partner bringen Kinder in die Familie mit. Als gemeinsames Kind wird ein Kind mit Behinderung geboren. Es entsteht die Situation: Stiefgeschwister und ein Halbgeschwister mit Behinderung.

*Beispiel 6:* Das nicht behinderte Geschwisterkind lebt bei der Mutter und deren Lebensgefährten, dessen erwachsener Sohn nicht mehr im gemeinsamen Haushalt lebt. Der Vater lebt mit einem weiteren nicht behinderten Geschwisterkind in einer Lebensgemeinschaft, in die von der Partnerin 3 Kinder mitgebracht wurden. Das gemeinsame Kind mit Behinderung lebt bei den mütterlichen Großeltern.

*Beispiel 7:* Ein nicht behindertes Geschwisterkind lebt bei der Mutter, ein anderes beim Vater, das Kind mit Behinderung lebt in einer Institution.

*Beispiel 8:* In einem Seminar hatte ein Mädchen alle Mühe, ihre Patchworkfamilie darzustellen, in der Kinder aus mehreren Familien leben. Die Kinder haben verschiedene Väter. Die Mutter eines Kindes war verstorben. – Johanna, 10 Jahre, war sehr bemüht, alles richtig darzustellen: »Meine Mutter ist vor 4 Jahren gestorben. Da war ich 6 und mein Bruder David 4. Dann hat Papa wieder geheiratet. Die neue Mutter hat auch zwei Kinder mit in die Familie gebracht, Tabea, 10 Jahre, ist behindert und Wiebke, 3 Jahre. Seit einem Jahr ist Bernhard da, der kleine Bruder.«

*Beispiel 9:* Der Vater hat aus erster Ehe eine Tochter, die bei seiner geschiedenen Frau lebt und im selben Alter ist wie die behinderte Tochter, die seine jetzige Frau mit in die Ehe gebracht hat. Der gemeinsame Sohn aus dieser Beziehung würde gern mehr Kontakt zur Tochter des Vaters aus erster Ehe haben, die das ihrerseits nicht möchte.

Die aufgezählten Beispiele beinhalten nicht alle möglichen, uns bekannten Konstellationen. Sie sollen aufmerksam machen, welche vielfältigen Beziehungsformen Kinder vorfinden können. Sich in neuen Familiensituationen zurechtzufinden, bedeutet für alle, insbesondere für die Kinder, die in der Regel nicht an der neuen Partnerwahl beteiligt sind, Anpassungsarbeit an eine neue Lebensrealität. Familien müssen den für sie gangbaren Weg finden. Die Auseinandersetzung mit dem behinderten Familienmitglied erhält viele Facetten, je nachdem, aus welcher Position der Geschwister sie geführt werden muss.

Bei all den differenziert zu betrachtenden Beziehungsstrukturen muss deutlich unterschieden werden, worauf Schwierigkeiten im Verhalten eines Kindes zurückzuführen sind. Es wäre unzulässig, hier die Geschwisterbeziehung zum Bruder, zur Schwester mit Behinderung als alleinigen Faktor sehen zu wollen. Im Vordergrund steht die Belastung, eine vertraute Lebenssituation zu verlieren und in einer neuen Fuß fassen zu müssen. Dabei muss auch die Beziehung zum Geschwister mit Behinderung auf der Basis der aktuell geltenden Lebensbedingungen neu geklärt werden.

Jede der oben erwähnten Lebenssituationen ist für die Familie, die sie bewältigen muss, eine einzigartige und besondere. Wir greifen drei Situationen heraus, die wir zusätzlich als herausfordernd empfinden:

- Familien mit mehreren Kindern mit Behinderung
- Familien mit leiblichen Kindern, in die Adoptiv- und Pflegekinder aufgenommen werden
- Familien, in denen das Kind mit Behinderung gestorben ist

### *Wenn in einer Familie mehrere Kinder mit Behinderung leben*

Wir unterscheiden Familien, in denen sowohl mehrere Kinder mit Behinderung und nicht behinderte Kinder leben, von solchen, in denen nur Kinder mit Behinderung leben.

Auf die Lebenssituation der nicht behinderten Geschwister, die mehrere Geschwister mit Behinderung haben, gehen wir an dieser Stelle nicht ein. Es entstehen besondere Fragestellungen, wenn nur ein Kind nicht behindert ist, sowohl in seiner Identitätsfindung als auch mit Blick auf die Erwartungen seitens der Eltern. Auch Alter, Stellung in der Geschwisterreihe und Geschlecht der Kinder sind in der Beurteilung der Gesamtsituation zu berücksichtigen.

*Geschwisterbeziehung*

Zur Situation der Geschwister, die ausschließlich behinderte Geschwister haben, sind uns keine Forschungsergebnisse bekannt. Alle unsere Bemühungen, diese Geschwisterbeziehungen gezielter zu untersuchen, sind bisher auf wenig wissenschaftliches Interesse gestoßen. In Relation zur Gesamtbevölkerung ist diese Lebenssituation nicht häufig. Für jede einzelne betroffene Familie gilt es, Formen der Alltagsbewältigung zu finden, die zeitweise die Grenzen des Menschenmöglichen übersteigt. Im Verlauf unserer langjährigen Tätigkeit sind uns immer wieder Familien, in denen mehrere Kinder mit Behinderung leben, begegnet.

*Beispiel:* Zwei Kinder im Abstand von 4 Jahren, das ältere ein Junge, das zweite ein Mädchen. Bei dem Jungen kommt es im Alter von

8 Jahren nach normaler frühkindlicher Entwicklung zu einem Abbauprozess, der die motorischen Fähigkeiten, die visuelle und die auditive Wahrnehmung abrupt einschränkt. Auch die Sprachfähigkeit nimmt rasch ab. Innerhalb einer kurzen Zeitspanne sitzt er im Rollstuhl. Es kann nicht exakt festgestellt werden, inwieweit er hört und sieht. Etwa 2 Jahre später fällt bei dem Mädchen ein unsicher werdendes Gehen auf. Die medizinische Abklärung ergibt, dass beide Kinder an einer genetisch bedingten Stoffwechselerkrankung leiden.

Für das Mädchen stellt sich in der ersten Phase der Erkrankung die Situation so dar, dass sie nicht behindert ist im Vergleich zu ihrem Bruder, der im Rollstuhl sitzt und fast nicht mehr sprechen kann. Im weiteren Verlauf nehmen auch ihre Fähigkeiten ab, allerdings langsamer als bei ihrem Bruder.

Als Jugendliche sind beide im Rollstuhl, können nicht verbal kommunizieren, wie weit visuelle und auditive Wahrnehmung vorhanden sind, lässt sich nach wie vor nicht exakt feststellen. Nach Berichten der Eltern und eigenen Beobachtungen gehen wir davon aus, dass die beiden Geschwister eine starke Beziehung zueinander haben. Sie teilen das Schicksal der gleichen Behinderung, und wir vermuten, dass sie sich durch physische und psychische Prozesse zur Bewältigung der Behinderung nahe sind. Wenn die Schwester den Bruder besucht und ihn berührt – die Hände der beiden werden zueinander geführt – ist deutlich zu beobachten, dass der Bruder reagiert. In unruhigen Zuständen wird er eindeutig ruhiger. Es findet ein Dialog statt, der nicht über Worte geführt wird, der von denen, die Zeugen dieser Kommunikation sind, nicht in Worte gefasst werden kann. Mit großer Achtung und Behutsamkeit lässt sich fühlen und erahnen, wie diese Geschwister miteinander das austauschen, was sie bewegt. Ein Geschwister erlebt, wie es dem anderen geht, das jüngere hat möglicherweise sich selbst in einem späteren Stadium vor Augen.

Unsere Aufgabe ist es, diesen Geschwistern Gelegenheiten zu schaffen, ihre Beziehung leben zu können, die ihr Leben bereichert.

Mit Hilfe des folgenden Briefes soll versucht werden, die Situation der Geschwister erfahrbar, spürbar zu machen:

*»Liebe Mirjam, lieber Michael,*

*gerade als ich diesen Brief zu schreiben beginne, frage ich mich, ob ich euch je schon einen gemeinsamen Brief als Geschwister geschrieben habe. Ich kann mich nicht daran erinnern. Wenn ich darüber nachdenke, hatte ich eigentlich auch keine Veranlassung dazu, euch gemeinsam zu schreiben. Da wir uns schon mehrere Jahre kennen, habt ihr sicher auch schon viel Post von mir bekommen, Postkarten, Briefe, besprochene Kassetten – doch jeder für sich. Vielleicht habt ihr euch früher manchmal darüber ausgetauscht, das entzieht sich meiner Kenntnis.*

*Jeder von euch ist eine ganz eigene Person und Persönlichkeit mit besonderen Bedürfnissen. Heute ist es mir aber ein Anliegen, euch beiden gemeinsam zu schreiben. Und ich werde nach einer Form suchen, wie ich jedem von euch mein Anliegen vermitteln kann.*

*Dich, Michael, habe ich kennen gelernt, als dein Körper schon behindert war. Du warst 8 Jahre, in allem auf Hilfe angewiesen, zum Beispiel essen, trinken. Du konntest nicht mehr laufen, nicht sehen. Inwieweit du hören konntest, hat man damals nicht genau feststellen können.*

*Aus den Zeiten vor dieser Behinderung kenne ich dich nur durch die Erzählungen deiner Eltern und deiner Schwester und von Fotos.*

*Wir, die wir dir damals begegneten, wussten zu Anfang nicht genau, was von unseren Worten – die wir manchmal eher stammelten als sprachen – noch bei dir ankommt. Du hast uns alle gezwungen, genau hinsehen zu lernen. (Wir lernen es heute noch und immer wieder.) Du hast dich uns mitgeteilt in einer Sprache, für die es kein Wörterbuch zu kaufen gibt. Du bist bis jetzt bei uns geblieben und hast uns gezwungen zu lernen, uns anzustrengen, ein ganz neues Sensorium zu entwickeln, viel nachzudenken. Wenn es dir schlecht geht, sind wir gezwungen, dein ganzes Lebensumfeld mit zu durchdenken, denn inzwischen haben wir gelernt, dass du mit manchem physischen Zustand aufmerksam machst auf das, was in deiner Umgebung unter Umständen nicht stimmt. Wir haben versucht, dein Umfeld wieder zu verändern. Du hast uns dann genau mitgeteilt, dass es für dich wieder in Ordnung ist.*

*Dein Leben ringt mir immer wieder eine große Achtung ab.*

*Du gibst nicht auf, obwohl du auch aushalten musst, dass wir mit unseren Interpretationen Unrecht haben und deine Sprache nicht so schnell verstanden wird, wie es in der Situation von dir aus angemessen wäre.*

*Gib uns noch eine Chance, sagt deine Mutter dir manchmal. Und du gibst sie uns allen noch.*

*Du lebst seit Jahren in dieser Form, du erteilst Lektionen in Würde und Menschlichkeit, gerade auch denen, die dich stellvertretend für deine Eltern pflegen. Du lebst ganz intensiv mit deinen Möglichkeiten.*

*Und du, Mirjam?*

*2 Jahre jünger als Michael, hast du zu Beginn deiner eigenen Schulzeit seine Krankheit und Behinderung hinnehmen müssen und die Konzentration vieler Gedanken deiner Eltern auf das Wohlergehen von Michael. Alle in der Familie waren zunächst durcheinander, mussten sich immer wieder mit Neuem auseinander setzen.*

*Deine Eltern haben sicher alles für dich getan, was (ihnen noch) möglich war. Du warst sehr wichtig für sie und hast ihnen Halt gegeben. Du wusstest das auch und hast es immer wieder zum Ausdruck gebracht auf den Geschwistertagungen, an denen du teilgenommen hast. Du musstest viel von dem teilen, was für das Leben von Michael wichtig wurde, die Therapien, Arztbesuche und so weiter. Du hast deine Eltern immer wieder darum gebeten, auch etwas mit dir alleine zu machen. So gab es für euch zum Beispiel Urlaube ohne Michael, Papa brachte dich allein zu einer Tagung und blieb in der Nähe, sodass ihr die Fahrten ganz für euch hattet,*

*Du wusstest auch, wie wichtig es für deine Eltern war, dass es Michael so gut wie möglich ging. Du hast viel über seine Behinderung nachgedacht.*

*So ging das einige Zeit, manche Jahre. Jeder von euch hat seine eigene Entwicklung gemacht.*

*Du wurdest auffallend müde, unkonzentriert, unbeholfen. Du hast deutlich Signale gegeben, dass du auch Unterstützung nötig hattest.*

*Wir wollten es alle nicht wahrhaben. Du hattest auch die Krankheit in dir, die dein Leben verändern sollte. Deine Behinderung begann schleichend, heute schränkt sie viele deiner Lebensmöglichkeiten ein. Und du hast immer um den Erhalt deiner Möglichkeiten gekämpft, du hast deinen eigenen Willen oft durchgesetzt und bis heute nicht aufgegeben, uns deine Wünsche mitzuteilen.*

*Behindert bin ich nicht, hast du lange Zeit gesagt.*

*Behinderung, das waren die veränderten Lebensmöglichkeiten, die du durch Michael kennen gelernt hattest.*

*Deinen Weg mit dir und deinen Möglichkeiten galt es zu begleiten. Du hast uns allen viel abverlangt, du verlangst es noch. Inzwischen sind deine Lebensmöglichkeiten eingeschränkt, die verbale Sprache hast auch du verloren, du brauchst den Rollstuhl. In vielem bist du von anderen Menschen abhängig, aber du kämpfst um deine Unabhängigkeit. Deine Augen sprechen und zwingen uns zu reagieren (du zeigst uns deutlich, ob wir »getroffen« haben), du kannst uns hören und sehen.*

*Wir müssen immer wieder neue Wege suchen.*

*Wer seid ihr als Bruder und Schwester? Wie sieht eure Geschwisterbeziehung aus?*

*Ich wollte, ich hätte mehr Zeit, um euch im Umgang miteinander zu beobachten. Ich möchte wissen, was für euch in der Beziehung zueinander wichtig und unerlässlich ist. Vielleicht könnte ich es durch Beobachtung erkennen.*

*Eure Kommunikation ist einzigartig. Geschwister, die unsere Sprache teilen, erfinden oft eine Geheimsprache, damit sie auch Geheimnisse vor anderen haben und austauschen können. Das ermöglichen wir ihnen auch, denn nicht alle müssen alles wissen.*

*Mirjam, du hast Michael oft im Krankenhaus besucht, wenn eine weitere Behandlung notwendig war, wenn es ihm nicht gut ging. Eure Mutter hat deine Hand in seine gelegt und ihm gesagt, dass du da bist, weil du es selbst so nicht mehr sagen konntest. Er hat auf seine Weise geantwortet.*

*Du hast immer alles für ihn getan, was du tun konntest.*

*Michael lässt dich nicht allein, wenn du mit ihm zusammen sein möchtest. Wenn ihr zusammen seid, müssen eure Eltern die Aufmerksamkeit teilen. Das ist nicht immer einfach. Denn auch bei euch gibt es Eifersucht, Konkurrenz und viele ganz eigene Spielarten, um die Aufmerksamkeit auf euch zu ziehen. Das ist für uns als Besucher manchmal auch ganz tröstlich, denn wir wissen gut genug, dass die Zeit kaum für alles reichen wird, was jeder von euch möchte. Ihr zeigt uns schon auch eure ganz eigene Verbindung, die nur euch gehört.*

*Euer Leben, auch Eure Geschwisterbeziehung lässt uns viel nachdenken. Nicht alles müssen wir ergründen. Doch wir möchten das verstehen, was wir auch dazu beitragen können, um zum Beispiel auch eure Lebensmöglichkeiten als Geschwister zu erweitern.*

*Wir wollen euch ermöglichen, was eurer Lebensqualität dient. Zeigt uns, was ihr als Geschwister braucht.*

*Ich bin gerne mit euch zusammen und auch bereit, weiter von euch zu lernen, euch das zu geben, was ihr von mir brauchen könnt.*

*Euch alles Gute*

*Marlies« (Mai 2001).*

## *Familien, in denen ein Kind mit Behinderung gestorben ist*

Das Leben nach dem Tod eines Bruder, einer Schwester muss neu gelernt werden. Oft geht dem Tod des Bruders, der Schwester mit Behinderung eine Krankheit voraus, oder die Behinderung ist Teil einer fortschreitenden Erkrankung. Der Umgang mit der schweren Mehrfachbehinderung eines Kindes mit verkürzter Lebenserwartung bestimmt den gesamten Alltag einer Familie, und auch die Kinder mit einer schweren Mehrfachbehinderung gehen in ihnen eigener Weise mit bedrohlichen Situationen um.

Die Geschwister werden während der Lebenszeit des Bruders, der Schwester mit wechselnden Situationen vertraut gemacht. Sie erleben die Eltern in Ausnahmezuständen, voller Angst vor neuen, unbekannten Situationen mit dem behinderten Bruder, der behinderten Schwester, erschöpft, ambivalent.

Sie halten sich zurück mit ihren Forderungen, beziehen die Geschwister mit Behinderung in ihr Leben ein, wo immer sie können – oder sie grenzen sich völlig ab, beschäftigen sich nicht mehr mit dem behinderten Bruder, der behinderten Schwester. Dann stirbt dieses Kind – entweder ganz plötzlich oder erwartet, weil die Krankheit sich seit geraumer Zeit verschlechtert hat. Die Reaktionen der Geschwister sind sehr unterschiedlich: Ein Vater erzählte, dass der jüngere Bruder, 6 Jahre, nach dem Tod der Schwester, an deren Bett er geholt worden war – er hatte einen Fernsehfilm angeschaut –, wieder den Fernseher angestellt hat. Die Welt im Fernsehen hatte Bestand, der Film lief wie geplant weiter, in der Familie geriet alles durcheinander.

Der Mensch, der lange Zeit im Mittelpunkt des Lebens stand, ist nicht mehr da. Die Zeit bis zur Beerdigung ist voller Aktivitäten, an der die Geschwister heute mehr und mehr beteiligt werden. Sie gestalten nach Möglichkeit mit: Sarg, Beerdigung, Grab. Sie tun es oft ungefragt, fraglos.

Nach der Beerdigung muss sich die Familie völlig neu orientieren, es entsteht eine andere Familienkonstellation. Wenn bei einer Familie mit zwei Kindern ein Kind stirbt, wird das verbleibende Kind zum Einzelkind. Es kennt die Zeit mit einer Schwester, einem Bruder, die auf jeden Fall eine prägende Zeit bleibt. Wird es wirklich Einzelkind? Bleibt die Schwester, der Bruder doch Teil der Familie, bestimmt den Alltag mit, weiter, zumindest eine Zeit lang? Wird es von Außenstehenden nach Geschwistern gefragt, muss es für sich entscheiden, ob es auch von der Behinderung des verstorbenen Bruders, der verstorbenen Schwester erzählen will.

Familienmitglieder trauern unterschiedlich, ein Austausch fällt oft schwer. Eltern können in der ersten Zeit kaum die Bedürfnisse und Gefühle ihrer anderen Kinder wahrnehmen. Auch sie sind mit neuen Fragen konfrontiert. Zeit, die vorher dem Kind mit Behinderung gewidmet war, kann anders gefüllt werden. Neue Formen des Zusammenlebens müssen gesucht werden.

Die Reaktionen der Umwelt sind unterschiedlich, unberechenbar und teils verletzend. Während Eltern, die ein nicht behindertes Kind verloren haben, mit großer Anteilnahme und Verständnis rechnen können, sind Familien mit verstorbenen behinderten Kindern oft mit Aussagen wie der folgenden konfrontiert: »Ihr könnt doch froh sein. Es war doch auch sehr belastend. Der Tod war eine Erlösung.«

Der Freundeskreis ändert sich erneut. Eltern verbleiben in den speziellen Selbsthilfegruppen, die während der Lebenszeit des behinderten Kindes wichtige Ankerpunkte für sie waren, die sie gerade jetzt nicht verlieren wollen, oder sie trennen sich, weil Schwerpunkte dieser Gruppe für sie keine Gültigkeit mehr haben.

Der äußere Rahmen ändert sich. Menschen, die früher viel in der Familie waren, bleiben weg – all die, die beispielsweise professionell mit dem behinderten Kind zu tun hatten. Hilfsmittel werden entfernt. Es entsteht im wahrsten Sinn des Wortes ein neuer Raum.

Verbleiben in der Familie mehrere Kinder, bildet sich die Geschwisterkonstellation neu. Die Kinder haben viele Fragen, zum Beispiel: »Wie wichtig ist es für unsere Eltern, dass wir den Bruder noch erwähnen? Müssen wir es auch den Menschen mitteilen, die wir erst nach dem Tod des Geschwisters kennen lernen?«

Besondere Tage wie der Geburtstag und der Todestag des Kindes mit Behinderung verlangen in der Familien nach Ritualen. Orte gewinnen an Bedeutung, so das Grab. Andere Orte verändern ihre Bedeutung: Kliniken, die Tagesstätte, die der Bruder, die Schwester besucht hat, ebenfalls Orte, die Entlastung bedeutet haben, zum Beispiel Kinderhospize. Verbindungen, die auch dem Geschwisterkind während des Lebens des behinderten Kindes Entlastung geboten haben, bedürfen einer Klärung.

Von einigen erwachsenen Geschwistern wissen wir, dass sie sich erst nach dem Tod des Bruders, der Schwester mit Behinderung ansehen konnten, was ihr Leben geprägt hat. Sie beschreiben, dass dann die Auseinandersetzung zwingend notwendig war, um ihr eigenes Leben zu bewältigen. Die intensive Phase des Zusammenlebens mit einem Menschen mit verkürzter Lebenserwartung hat auch oft ihre Berufswahl bestimmt.

## *Familien mit Adoptiv- und Pflegekindern*

In diesem Zusammenhang unterscheiden wir hier grundsätzlich drei verschiedene Konstellationen:

1. *Situation:* Das nicht behinderte Geschwisterkind ist das Pflege- oder Adoptivkind.

In dieser Konstellation sind häufig die jüngeren Kinder die Pflege- oder Adoptivkinder. Der Wunsch nach einem weiterem Kind und das Risiko der Geburt eines weiteren behinderten Kindes sind häufige Beweggründe für eine solche Inpflegenahme. Mitunter wird auch ein älteres Kind aufgenommen, zum Beispiel ein Kind aus der erweiterten eigenen Familie, das in Not geraten ist, oder auch ein Kind aus einem fremden Kulturkreis. In jedem Fall muss das aufgenommene Kind in vielen Bereichen seine eigene Position finden, den Eltern und ihren Erwartungen gegenüber und in Bezug auf das Kind mit Behinderung.

Leonie sagt mit 10 Jahren: »Wenn ich gewusst hätte, was auf mich zukommt, dann hätte ich mich anders entschieden. Sie haben von mir viel erwartet.« Sie kam als jüngeres Kind in die Familie. Man hatte ihr vorher gesagt, dass ihre neue Schwester eine Behinderung hat, aber sie konnte sich nicht wirklich etwas darunter vorstellen.

2. *Situation:* Das Pflege- oder Adoptivkind ist das behinderte Kind in der Familie.

Eltern haben sich für die Aufnahme eines Pflege- oder Adoptivkindes entschieden. Erst später stellt sich heraus, dass das Kind eine Behinderung hat. Auch wenn Eltern sich dieser Aufgabe eigentlich nicht stellen wollten, ist eine Trennung von dem Kind nicht mehr möglich. Zu viele Bindungen sind entstanden, es bleibt in der Familie.

Nicht selten kommt es vor, dass Eltern zu dem eigenen behinderten Kind ein Pflegekind mit der gleichen Behinderung aufnehmen. Die erworbene Kompetenz kommt also auch einem weiteren Kind zugute. Auch aus diesem Beweggrund nehmen Familien nach dem Tod des eigenen behinderten Kindes wieder ein Kind mit einer ähnlichen Behinderung als Pflegekind auf.

Was heißt das für die leiblichen Kinder, die nicht behinderten Geschwister? Auch wenn leibliche Kinder in den Entscheidungsprozess einbezogen werden, ob ein Kind mit Behinderung in der Familie leben soll, ist ihnen eine eigene Stellungnahme kaum möglich, können sie die Folgen nicht übersehen. Auch ein Verneinen auf die Frage der Eltern, ob ein behindertes Kind einen Platz in der Familie finden soll, ist eigentlich nicht möglich.

Die Kinder verpacken ihre Gefühle in Fragen und Aussagen wie diese: »Wer kann schon wirklich etwas dagegen haben, dass ein Kind ein neues Zuhause findet?« »Wer hat schon wirklich etwas zu sagen, wenn die Eltern so von allen anerkannt sind?«

»Meine Eltern sind dadurch unangreifbar geworden. Und ich weiß doch, dass alle hinter ihrem Rücken darüber reden.« »In unserer Familie muss man behindert oder adoptiert sein, dann zählt man.« »Ich wollte einen Bruder. Ich bekam noch eine behinderte Schwester.«

Unserer Meinung nach ist es notwendig, dass diese Kinder sich in einer Lebensphase, meistens in der Pubertät und Adoleszenz, mit dem Engagement der Eltern auseinander setzen, damit sie ihr eigenes Leben eigenständig gestalten können.

*3. Situation:* In einer Familie leben ausschließlich Pflege- oder Adoptivkinder, mit und ohne Behinderung.

Paare beziehungsweise Alleinstehende entschließen sich, fremde Kinder aufzunehmen, weil sie es sich zur Lebensaufgabe gemacht haben, Kindern ein Zuhause zu schaffen.

Ein Paar hat nicht die Möglichkeit, eigene Kinder zu bekommen, möchte auf das Zusammenleben mit Kindern nicht verzichten und nimmt Kinder auf.

Ein Paar hat ein Kind aufgenommen, dessen Behinderung sich erst später zeigt. Ein weiteres Kind wir adoptiert.

Was bedeutet diese Familienkonstellation für die nicht behinderten Geschwister? Sie müssen sich mit den speziellen Fragen ihrer Herkunftsfamilie und der besonderen Situation in der Adoptiv- oder Pflegefamilie beschäftigen. Selbst adoptiert, haben sie kein Argument gegen die Aufnahme eines weiteren Kindes, das einen Platz braucht. Auf der Suche nach der eigenen Identität kann es zu zusätzlichen Verletzungen kommen: »Wenn ich in einer anderen Familie gelebt hätte, hätte ich das alles nicht gehabt. Ich hätte auf manche Erfahrungen verzichten können.«

Steht zu einem Zeitpunkt doch die Trennung von einem Kind an, steigern sich Angst- und Schuldgefühle: »Was muss passieren, damit auch ich wieder abgegeben werde?«

Diesen vielschichtigen Lebenssituationen gilt Achtung und Anerkennung. Es sollten Freiräume geschaffen werden, damit alle Fragen der Kinder – und auch der Eltern – Gehör finden können.

## *Entwicklungsphasen**

Der folgende Abschnitt zeigt in groben Schritten die normalen Entwicklungsphasen eines Kindes bis zur Pubertät auf. Anhand von Beispielen von Geschwistern behinderter Kinder versuchen wir mögliche kritische Punkte in der Entwicklung aufzuzeigen.

### *Das Kleinkindalter*

Diese Zeit ist gekennzeichnet durch ständig neue Erfahrungen und Erkenntnisse, sowohl, was die körperliche Entwicklung als auch die Entwicklung des Denkens und der Sprache betrifft. Aus dem »hilflosen Säugling« ist ein eroberungsmutiges Kleinkind geworden, das sich zunehmend in der Welt zu orientieren beginnt. Es ist stolz auf seine immer differenzierter werdenden Fähigkeiten und übt sie auf vielfältige Weise. Es erkennt die Darstellungsfunktion der Sprache und übt systematisch die Zuordnung von Wort und Sache.

Im dritten Lebensjahr lernen Kinder, sich als »ich« zu bezeichnen. Das Kind entwickelt Ich-Bewusstsein und beginnt Beziehungsqualitäten zu bezeichnen (ich – du; er – sie). Es beginnt sich mit unsichtbaren

* vgl. Senckel, Barbara: Mit geistig Behinderten leben und arbeiten, München 1994.

Zusammenhängen auseinander zu setzen, will Ursache und Zweck wissen und erfragt dieses immer wieder mit »Warum?«. Durch zahllose geduldige Antworten erweitert es seine Lebenswirklichkeit.

*Ein Beispiel:* Anne, 5 Jahre, ist in den Kindergarten gekommen. Ihre Schwester Marie, 8 Jahre, Körperbehinderung durch Cerebralparese, geht schon zur Schule und holt mit der Mutter Anne manchmal ab. Marie ist nicht in diesen Kindergarten gegangen, die Familie ist erst vor kurzem in diese Gegend gezogen.

Die Mutter hat die Erzieherin über die Behinderung der Schwester informiert. Im Kindergarten hat man sich entschlossen, in der Gruppe von Anne nicht über Behinderungen zu sprechen. Sie soll dort einen Freiraum haben. Die anderen Kinder fragen, nachdem sie Marie gesehen haben, warum sie so langsam und unsicher geht. Anne antwortet nicht. Sie redet im Kindergarten überhaupt nicht mehr. Sie redet nur noch zu Hause, wenn Marie nicht dabei ist. Marie ist sehr kontaktfreudig und spricht beim Einkaufen jeden an. Anne bleibt auch da stumm. Nur die Eltern und Großeltern wissen, dass Anne sprechen kann.

Das Kind denkt in dieser Entwicklungsphase egozentrisch. Es geht stets von sich aus, seinem Fühlen und Wollen. Es kann sich nicht in die Vorstellungswelt anderer Menschen hineinversetzen. Seine Wünsche sind für das Kind am wichtigsten, es geht davon aus, dass es sie selbstverständlich durchsetzen darf. In diesem Alter sind Kinder nicht sozial einfühlsam. Wird soziales Einfühlungsvermögen von ihnen gefordert, können sie diese Anforderung nicht erfüllen und sind überfordert.

*Zwei Beispiele:* Merle ist 3 Jahre, ihr Bruder Max 6 Jahre. Er hat eine Behinderung. Max kann nicht so gut laufen wie Merle. Er verständigt sich mit wenigen Worten, Gesten und Lauten. Merle ist ein aufgewecktes Kind. Sie fragt und fragt und fragt ... Die Mutter beantwortet ihr nach Möglichkeit jede Frage. Max muss dann zurückstehen.

Wenn die Mutter keine Zeit hat, soll Merle sich mit Max beschäftigen, mit ihm spielen. »Renn ihn nicht um«, sagt die Mutter, »du weißt, dass er nicht so schnell ist wie du.« Merle sieht das nicht ein, sie stößt den Bruder immer wieder um, bis die Mutter doch eingreifen muss. Ist der Vater anwesend, kümmert er sich um Max, die Mutter um Merle.

Tobias, 5 Jahre, behindert, und Fabian, 4 Jahre, gehen in den gleichen Kindergarten. Sie wurden zum gleichen Zeitpunkt aufgenommen und sind in einer Gruppe. Fabian weiß, was sein Bruder braucht. Die Eltern haben ihm gesagt, dass er Tobias beschützen soll, wenn andere Kinder ihn nicht verstehen. So erklärt Fabian immer wieder, dass Tobias eben langsamer ist und für alles mehr Zeit braucht.

Fabian findet erst keine eigenen Freunde im Kindergarten. Er will auch von sich aus auf Tobias aufpassen. Beim Abholen der Kinder ist die Mutter damit beschäftigt, Tobias anzuziehen. Fabian soll das allein machen und wird ermahnt, sich zu beeilen.

Für die emotionale Entwicklung ist die Bewältigung der Trotzphase entscheidend. In ihr wird das Kind mit der Tatsache konfrontiert, nicht »allmächtig« zu sein, sondern immer wieder an Grenzen zu stoßen, sowohl an die eigenen als auch an die von anderen Menschen. Das Kind wird in dieser Zeit von der Kraft der eigenen Gefühle überschwemmt und muss lernen, diese nach und nach zu kanalisieren. Wichtig ist, dass die Eltern diesen Gefühlen standhalten und dem Kind vermitteln, dass seine Gefühle in Ordnung sind, es aber nicht berechtigt ist, alles durchzusetzen, sondern damit rechnen muss, an Grenzen zu stoßen. Mit seinen Wutausbrüchen vermag es die Eltern weder zu »vernichten«, noch verliert es deswegen ihre Liebe.

*Zwei Beispiele:* Florian, 7 Jahre, sitzt im Rollstuhl. Die allein erziehende Mutter muss ihm bei allem helfen. Florian braucht sehr lange beim Essen. Sein jüngerer Bruder, Patrick, 5 Jahre, sollte dabei mit am Tisch sitzen bleiben. Er sieht das nicht ein, macht Florian nach, zappelt, fällt vom Stuhl, schimpft mit der Mutter, die sich immer nur um den »blöden« Bruder kümmert. Die Mutter ermahnt Patrick, erwartet, dass er ruhig ist, was seine Wut steigert und in Schreianfällen gipfelt.

Patricia ist 5 Jahre. Sie hat heute keine Lust, in den Kindergarten zu gehen. Sie möchte heute lieber bei der Mutter bleiben. Sie weint, tobt, wirft mit Spielsachen um sich, weigert sich, sich anzuziehen. Die Mutter muss mit dem behinderten Bruder Felix, 8 Jahre, zum Arzt. Sie verspricht Patricia, dass sie morgen zu Hause bleiben darf. Aber heute muss sie in den Kindergarten. Die Mutter bringt das noch immer schreiende und tobende Kind in den Kindergarten. »Ich glaube sowieso nicht, dass ich morgen zu Hause bleiben darf, das darf immer nur der Felix«, schleudert Patricia der Mutter entgegen.

Zeitgleich zur Trotzphase erfolgt die Erziehung zur Sauberkeit. Mit der Beherrschung der Schließmuskel erlangt das Kind mehr Autonomie und sieht sich gleichzeitig wachsenden Anforderungen gegenüber, nämlich »sauber« zu werden. In dieser kritischen Phase braucht das Kind viel Aufmerksamkeit und Platz für Auseinandersetzung, es fordert sie auf seine Art ein, um dabei das richtige Maß zwischen Eigenständigkeit und Selbstbehauptung einerseits, und die Achtung der Grenzen andererseits zu erkennen und »einzuüben«.

*Ein Beispiel:* Maik ist der 3 Jahre ältere Bruder von Claas, 1 ¾ Jahre. Die Eltern haben sich darauf eingestellt, dass Maik aufgrund seiner Behinderung immer Windeln tragen wird. In der Erziehung von Claas steht von Anfang an fest, dass er möglichst schnell sauber werden soll. Die Eltern trainieren mit ihm, sobald er sitzen kann, und sind sehr stolz, dass er am Ende des ersten Lebensjahres bereits sauber ist.

Ein weiterer Entwicklungsschritt ist die Auseinandersetzung mit der eigenen Geschlechtsrolle. Die Erkenntnis, Junge oder Mädchen zu sein, die Zuneigung zum gegengeschlechtlichen Elternteil und die Orientierung am Verhalten des gleichgeschlechtlichen Elternteiles sind kennzeichnend für diese Entwicklungsphase.

## *Das Grundschulalter*

Diese Lebensphase ist körperlich durch einen Gestaltwechsel gekennzeichnet. Das Kind genießt in der Regel seine gute Körperbeherrschung, rennt, springt, fährt Fahrrad. Der Drang nach Bewegung ist groß und wird gemeinsam mit Gleichaltrigen ausgelebt. Feinmotorische Fähigkeiten wie Zeichnen, Schreiben, Hantieren mit Schere und Besteck reifen. Kindern, die besonders geschickt sind, wird von Freunden die Führungsposition zugestanden.

*Zwei Beispiele:* Jens, 10 Jahre, sitzt im Rollstuhl. Alles, was ihm hinunterfällt, muss für ihn aufgehoben werden. Er kann gut mit seinem E-Rolli fahren, sonst braucht er viel Hilfe. Er will unbedingt lernen, alleine zu essen, und braucht dazu viel Unterstützung und Geduld. Steffen, der jüngere Bruder, 7 Jahre, ist den ganzen Tag auf den Beinen, er liebt es, Fahrrad und Skateboard zu fahren. Beim Essen kann er nicht still sitzen, es dauert ihm zu lange. Auch in der Schule gelingt es ihm nur schwer, ruhig und konzentriert zu arbeiten. Die Eltern wissen nicht, wie sie auf seine Auffälligkeiten reagieren sollen.

Die allein erziehende Mutter von Anja, 7 Jahre, und Svenja, 5 Jahre, schwer mehrfachbehindert, muss den Tag gut einteilen, um allen Verpflichtungen nachkommen zu können. Svenja muss aufgrund ihrer Behinderung oft ganz plötzlich ins Krankenhaus. Anja hat gelernt, dann alleine zu bleiben. Sie bräuchte Unterstützung bei den Hausaufgaben, möchte die Mutter aber nicht zusätzlich belasten, da sie weiß, dass deren Zeit knapp ist. Sie versucht allein klarzukommen, ist aber manchen Anforderungen nicht gewachsen.

Das Kind gewinnt eine realistische Welterkenntnis. Das egozentrische Weltbild wird durch die Suche nach objektiven Zusammenhängen überwunden. »Wie ist es wirklich?« wird zum Leitgedanken des kindlichen Denkens.

*Zwei Beispiele:* Anna stellt immer wieder die Frage nach der Behinderung ihres Bruders: »Warum ist Paul behindert und ich nicht? Wie ist das gekommen? Warum ist das so? Warum kann man das nicht ändern?« (Siehe auch Kapitel 6.) Lange Zeit ist sie mit keiner Antwort zufrieden. Sie erkennt zwar das Bemühen von Menschen, ihr eine Antwort geben zu wollen, an, aber es genügt nicht. Sie kann noch nicht akzeptieren, dass es Tatsachen gibt, die nicht veränderbar sind.

Matthias, 9 Jahre, hat einen jüngeren Bruder, Markus, 4 Jahre, der an einer Behinderung leidet und eine kurze Lebenserwartung hat. Matthias war 5 Jahre alt, als die Diagnose bei Markus gestellt wurde, und die Eltern haben von Anfang an offen mit ihm darüber gesprochen. Um »begreifen« zu können, formuliert Matthias immer wieder neue Fragen: »Warum werden Kinder geboren, die sterben müssen? Warum müssen schon kleine Kinder sterben? Warum gibt es Krankheiten, die man nicht heilen kann? Warum erfindet kein Forscher eine Methode, um Markus zu behandeln?«

Das Kind im Grundschulalter versteht wesentliche Denkgesetze und wendet sie an. Es entwickelt großen Wissensdurst, dem entsprochen werden muss, um Lerneifer und Leistungsmotivation zu erhalten. Die Schule bietet dem Kind Stoff für seinen Wissenshunger. Der Preis dafür ist das Einhalten von Regeln, das Sich-Einfügen in eine soziale Gemeinschaft und das Zurückstellen augenblicklicher Impulse und Bedürfnisse. Selbstkontrolle wird notwendig. Die verlangte Selbstbeherrschung ist für das Kind anstrengend, erzeugt Frustration und Aggression und sucht nach Ausgleich, zum Beispiel durch vermehrte Bewegung in der Freizeit. Die Anstrengung im Unterricht zeigt sich gerade in den ersten zwei Schuljahren durch Erschöpfung am Mittag und einem erhöhten Ruhebedürfnis.

*Ein Beispiel:* Lena, 7 Jahre, hat zwei ältere Brüder und eine ältere, schwerstbehinderte Schwester, Susanne, 14 Jahre. Lena ist sehr geduldig, wenn die Mutter Susanne versorgen muss und dabei keine Zeit für sie hat. Susanne kann nichts mehr alleine machen. Die jüngere Schwester ist sehr einfühlsam, erzählt ihr Geschichten und kämmt Susanne liebevoll. Sie erfindet immer wieder neue Frisuren. In der Schule verhält sich Lena ganz anders. Alles strengt sie an. Wenn sie nicht sofort begreift, was die Lehrerin meint, ist sie niedergeschlagen und traurig. Die Hausaufgaben würde sie am liebsten nicht machen, auch wenn ihr Bruder Markus, 12 Jahre, sich bereit erklärt, ihr zu helfen.

Fand das Lernen bisher in einem vom Kind definierten Freiraum statt, wird es jetzt von außen bestimmt. Leistungsergebnisse werden mit denen Gleichaltriger verglichen und offiziell bewertet. Das Kind spürt den Bewertungsdruck und versucht ihm standzuhalten. Gelingt es, genügend soziale Anerkennung von Eltern, Lehrern und Schulkameraden zu bekommen, kann sich ein befriedigendes Selbstbewusstsein in Bezug auf die eigene Leistungsfähigkeit entwickeln und Motivation für weitere Leistungsbereitschaft sein.

*Ein Beispiel:* »Ich möchte gut sein in der Schule«, sagt Bianca, 8 Jahre, »damit sich meine Eltern keine Sorgen machen müssen. Die Noten, die ich schreibe, reichen für mich nicht aus. Meine Eltern sagen nichts dazu, und ich merke, wie enttäuscht ich von mir selbst bin. Ich übe ganz viel zu Hause und kann dann auch alle Rechenaufgaben lösen. In der Schule bin ich so nervös, dass mir die Lösungen nicht mehr einfallen. Ich kann das nicht aushalten!«

Fühlt sich ein Kind ständig überfordert, kann es die Erwartungen an seine Leistungen nicht erfüllen, und muss es häufig Kritik einstecken, entwickeln sich Versagensängste und Misserfolgsorientierung. Minderwertigkeitsgefühle hinsichtlich der eigenen Begabungen und Fähigkeiten rufen Mechanismen hervor, sich Anforderungen zu entziehen. Das Kind braucht die Unterstützung der Eltern, um mit den neuen Aufgaben zurechtzukommen. Eine zusätzlich belastende Situation zu Hause kostet Kraft, die das Kind jetzt uneingeschränkt braucht, um die Integration in das schulische Umfeld zu schaffen.

Neben den Eltern wird die Lehrperson durch ihre Funktion zur wichtigen Autorität und Bezugsperson. Eine positive Beziehung zum Lehrer, zur Lehrerin hilft dem Kind, die eigenen Bedürfnisse zurückzustellen und Lernangebote anzunehmen. In diesem Alter gewinnt auch die Zugehörigkeit zu einer Bezugsgruppe gleichaltriger Kinder (Peergroup) an Bedeutung.

*Ein Beispiel:* Katrin, 8 Jahre, hat einen jüngeren Bruder, Ralf, 6 Jahre, der eine schwere Behinderung hat. Katrin spürt, dass die Eltern sehr traurig wegen Ralfs Behinderung sind. Sie zeichnet sehr gerne. In ihren Zeichnungen gibt es immer wieder Tiere, die weinen. Katrin ist sehr musikalisch. Sie hat mit 6 Jahren begonnen Gitarre zu lernen. In der Musikschule fühlt sie sich sehr wohl. Da ist sie wie alle anderen, die ein Instrument lernen. Hier findet sie auch Freunde, was ihr in der Schule nur schwer gelingt.

## *Pubertät und Adoleszenz*

In diesen beiden Phasen findet der Übergang vom Kind zum Erwachsenen statt. Das betrifft die emotionale, die soziale und die körperlich-sexuelle Entwicklung. Die Herausforderung besteht vor allem darin, mit den körperlichen Veränderungen umzugehen und sie in das Identitätsgefühl zu integrieren.

Darüber hinaus ist das Denken nicht mehr an die Erfahrung durch Handeln gebunden, sondern folgt den Gesetzen der formalen Logik. Durch die Möglichkeit des hypothetischen Denkens erschließen sich neue Räume. Bisher vermittelte Werte und Normen sowie daraus resultierende Tatsachen und Zusammenhänge werden infrage gestellt. Neben den anerzogenen bilden sich selbst gewählte moralische Werte, Urteilskategorien und Denkmuster heraus. Im weiteren Verlauf muss überprüft und entschieden werden, was davon in Zukunft tragfähig sein kann, um eine moralische Grundlage für eigenes Wollen und Handeln zu gewinnen. Auf den Ebenen der emotionalen und sozialen Entwicklung müssen folgende Aufgaben bewältigt werden:

- »Lösung aus der emotionalen Abhängigkeit von den Eltern und den bisher vorgegebenen Elternrepräsentanzen innerhalb der Gesellschaft,
- Suche nach einer ›stimmigen‹ und abgegrenzten Identität,
- Ausprobieren der Möglichkeiten, wie sich die gegenwärtigen – und zukünftigen – Beziehungen und Aufgaben der bewusst gewählten Identität entsprechend gestalten lassen« (Barbara Senckel).

Der Wandlungsprozess vom Kind zum Erwachsenen ist gekennzeichnet durch die Trauer über das Ende der Kindheit und die Angst vor dem Verlust von Sicherheit. Auf der einen Seite Selbstzweifel, auf der anderen Hoffnung und Zuversicht, zudem Vertrauen in die eigene Stärke und Wut auf alle Hindernisse, die einschränkend wirken. Jugendliche müssen in einem langen Prozess klären, in welchem Maß ihre Vergangenheit in ihre Zukunft hineinwirken soll. Am Ende dieses Klärungsprozesses sollte der Weg zur Erwachsenenidentität erschlossen sein.

»Das Ringen um die Identität spielt sich auf vielen Schauplätzen und mit den verschiedensten Mit- und Gegenspielern ab, so im Kreis der Familie, insbesondere im Kampf mit den Eltern, im Selbstbezug und im Kontakt zu Freunden des gleichen oder des anderen Geschlechts«(Barbara Senckel).

Barbara Senckel nennt folgende »pubertäre Krisenherde«:

- Konflikte mit den Eltern
- Äußeres Erscheinungsbild
- Umgang mit der Zeit und elterlicher Kontrolle
- Ordnung halten, im Haushalt mithelfen, Verpflichtungen übernehmen
- Schule
- Freizeitgestaltung
- Umgang mit Tabak, Alkohol und Drogen
- Gespräche mit Eltern
- Selbstbezug
- Veränderte Körperlichkeit
- Freundschaften, Clique
- Gleichgeschlechtliche Freundschaften
- Erste heterosexuelle Freundschaften

Wir stellen einige dieser Konfliktfelder anhand von Beispielen dar:

Annemarie ist das älteste von 4 Kindern. Nach 2 Jahren kam Peter, dann die Zwillinge Benjamin und Nicolas zur Welt. Beide sind behindert. Annemarie war sehr besorgt um sie. Sie hat immer mitgeholfen, die Brüder zu versorgen, war auch bereit, an Wochenenden zu Hause zu bleiben, damit die Eltern weggehen konnten. Mit 17 Jahren verändert sich Annemarie: Sie engagiert sich in radikalen Gruppen, zieht von zu Hause aus. Nach wie vor ist sie bereit, auf die Zwillinge aufzupassen, aber mit den Eltern und Peter will sie nichts mehr zu tun haben.

Simon ist das älteste von 3 Kindern. Wiebke ist 7 Jahre jünger, Paul 3 Jahre. Im Alter von 7 Jahren bricht bei Paul eine Krankheit aus, die zu einer fortschreitenden Behinderung bei eingeschränkter Lebenserwartung führt. Die Eltern beschließen, dass Paul in der Familie leben soll, auch wenn die Pflege aufwändiger wird. Simon ist damit einverstanden. Eine Phase von Pauls Krankheit ist gekennzeichnet durch große Unruhe. Nichts ist vor ihm sicher, er zerstört alles, auch das, was Simon mit seinem Legotechnik-Kasten mühsam aufgebaut hat. Die Eltern bitten Simon um Verständnis, erklären ihm, dass diese Phase nicht mehr lange dauern wird und Paul zunehmend weniger von sich aus wird machen können. Simon kann und will das nicht verstehen. Es kommt zu heftigen Auseinandersetzungen. Simon ist sehr bedrückt, als Paul sich verändert, ruhiger wird, fast nichts mehr alleine machen kann. In der Schule gerät er in die Rolle des Sündenbocks. Er findet keine andere Form, sich durchzusetzen, als zuzuschlagen.

Stefan, 12 Jahre, hat eine jüngere Schwester, Marieke, 7 Jahre, die aufgrund ihrer Behinderung immer wieder in lebensbedrohliche Krisen gerät. Die Mutter muss oft über Wochen mit Marieke ins Krankenhaus, sie will sie nicht alleine lassen. In diesen Zeiten müssen der Vater und Stefan miteinander zurechtkommen. Stefan hat es nicht leicht in der Schule. Manches schafft er nicht so gut, wie er möchte. Er fühlt sich immer benachteiligt, zu Unrecht behandelt. Eine Kleinigkeit kann dazu führen, dass Stefan sich auf dem Schulhof prügelt, die Lehrer beschimpft. Die Klassenkameraden wollen nichts mit ihm zu tun haben. Die Eltern müssen fast wöchentlich zur Schule kommen – die Diskussionen zu Hause kreisen nur noch um dieses Thema.

## *Position in der Geschwisterreihe*

Die Entwicklung eines Kindes wird von seiner Position in der Geschwisterreihe beeinflusst. Dabei spielen zusätzlich folgende Faktoren eine Rolle:

- Das Geschlecht des jeweiligen Kindes.
- Ist das älteste Kind ein Junge oder ein Mädchen und das nachfolgende gleichen oder unterschiedlichen Geschlechts?
- Gibt es in einer Familie ausschließlich Jungen oder Mädchen?
- Die Anzahl der Geschwister.
- Der Altersunterschied zwischen den Geschwistern.
- Die Entwicklung der Geschwisterbeziehung.

*Erstes, zweites, drittes Kind*

Zwillinge beziehungsweise Mehrlinge stellen eine besonders zu berücksichtigende Konstellation dar (Hartmut Kasten).

Bei einem erstgeborenen nicht behinderten Kind gehen wir von einer normalen frühkindlichen Entwicklung aus bis zu dem Zeitpunkt, an dem das nächstgeborene Kind in die Familie kommt. In jedem Fall ist die Aufmerksamkeit der Eltern, die bisher uneingeschränkt dem einen Kind zuteil wurde, auf das Neugeborene gerichtet, was zu einer »normalen« Krise beim älteren Kind führt. In der Regel findet die Familie Formen, dieser Krise zu begegnen. Die Auseinandersetzung, die Zuneigung der Eltern mit einem Bruder, einer Schwester teilen zu müssen, ermöglicht das Erlernen neuer sozialer Strategien.

Wird als zweites Kind ein Kind mit Behinderung geboren, müssen die Eltern neben der Fürsorge für das Neugeborene und der zusätzlichen zeitlichen Belastung durch eventuell medizinisch notwendige Maßnahmen den Verarbeitungsprozess leisten, ein behindertes Kind zur Welt gebracht zu haben. Dabei ist es nicht verwunderlich, dass das ältere Kind vorübergehend »in den Hintergrund« gerät. Je nachdem, in welcher Entwicklungsphase sich das Kind gerade befindet, kann es zu Einschnitten kommen, die durch Auffälligkeiten unterschiedlicher Art sofort oder auch zu einem späteren Zeitpunkt sichtbar werden. Bei der Suche nach Ursachen stellt sich dann die Frage, in welche Entwicklungsphase die Geburt des Kindes mit Behinderung gefallen ist und ob die aktuellen Probleme damit in Verbindung stehen könnten.

Wird in eine Familie mit einem Kind mit Behinderung ein weiteres Kind geboren, steht die Sorge der Eltern, ob dieses Kind gesund sein wird, im Vordergrund. Das Kind ist gewissermaßen unter dauernder Beobachtung. Die Eltern »erwarten« eine »normale Entwicklung«. Unausgesprochen, vielleicht auch unbewusst, soll dieses Kind all das erfüllen, was das andere Kind nicht leisten konnte. Oft mehr noch, es soll die Eltern für das entschädigen, was das erste Kind nicht erfüllen konnte. Dieser Erwartungsdruck begleitet das Kind durch sämtliche Entwicklungsphasen und zwingt es, ihm standzuhalten. Je nach Persönlichkeit wird es unterschiedliche Strategien entwickeln, um mit der ständigen Erwartungshaltung umzugehen.

Vermeiden Eltern, Anforderungen zu stellen, haben Geschwisterkinder unter Umständen von sich aus den Anspruch, das zu kompensieren, was der Bruder, die Schwester nicht zu leisten imstande ist.

Wird ein weiteres Kind in diese Familienkonstellation hineingeboren, ergibt sich für das bis jetzt jüngste nicht behinderte Kind folgende Situation: Es wird zum mittleren Kind, das nach oben ein Geschwister mit Behinderung hat, das es in seiner körperlichen oder/und kognitiven Entwicklung früher oder später einholen, wenn nicht überholen wird. Für das jüngere hat es die Funktion des ältesten Kindes, mit Rechten und Pflichten.

*Ein Beispiel:* Maria, 12 Jahre, ist das mittlere Kind der Familie. Stephanie, 14 Jahre, ist behindert, Andrea ist mit 9 Jahren die Jüngste in der Familie. Stephanie hat einen ausgesprochen eigenen Willen und setzt sich oft damit durch. So darf sie fernsehen, wenn die anderen beiden mithelfen müssen, das Abendbrot vorzubereiten.

Wenn die Mutter die Mädchen alleine lässt, ist es selbstverständlich, dass alle auf Maria hören sollen. Im Urlaub braucht Stephanie eine gewisse Zeit, um sich zurechtzufinden. In den ersten Tagen teilt Maria dann mit ihr das Bett.

Maria möchte, dass Andrea einige ihrer Aufgaben übernimmt. Sie weigert sich, genießt ihre Rolle als Jüngste in der Familie.

## *Nachsatz*

Wir haben lange diskutiert, ob und in welcher Form wir uns mit möglichen problematischen Fragestellungen, die in der Entwicklung von Kindern, in unserem Fall von Geschwistern, in deren Familien ein Kind mit Behinderung heranwächst, auseinander setzen sollen. Uns ist die Gefahr, dass Eltern darin Schuldzuweisungen empfinden, ein »schlechtes Gewissen« wegen der »Fehler«, die sie gemacht hätten, entwickeln könnten, bewusst. Beides ist von uns nicht beabsichtigt.

Wir gehen davon aus, dass das Zusammenleben in jeder Familie an jedes Familienmitglied Anforderungen stellt, die zu unterschiedlichen Zeitpunkten mehr oder weniger gut erfüllt werden können. Fehler sind unvermeidlich, mehr noch, es ist nicht ausschließlich anzustreben, sie vermeiden zu wollen. Wir kämen über die Vermeidung um jeden Preis nicht mehr zu dem, was unser Leben lebendig macht und bereichert. Fehler führen nicht zu einer »irreversiblen Katastrophe«, sofern die Suche nach anderen Wegen daraus resultiert.

Wir möchten dafür sensibilisieren, beim Auftreten von Reibungspunkten, Störungen oder Irritationen nach Ursachen zu suchen und entsprechend den eigenen Möglichkeiten neue Formen im Umgang miteinander zu entwickeln. Das Wissen um Gesetzmäßigkeiten in der Entwicklung von Kindern und Jugendlichen kann dabei unterstützen und Verhaltensweisen verständlich machen.

*Ein Beispiel: Man kann Entscheidungen revidieren und neue Wege gehen.*

Frank war 3 Jahre, als Sarah geboren wurde. Sarah hatte eine Behinderung. Das ganze Familiengefüge – die Großeltern wohnen mit im Haus – geriet durcheinander: Trauer, Wut, Auseinandersetzung mit der eigenen Hilflosigkeit, Enttäuschung durch die Kirchengemeinde. Jahre später sagt die Mutter: »Ich weiß, dass ich Frank gewissenhaft versorgt habe, er hat immer alles gehabt. Aber ich weiß nicht, wo er war, was ich mit ihm gemacht habe. Sarah hat viele Operationen gehabt, ich war ständig weg. Meine Mutter hat Frank bestens versorgt, er musste auf nichts verzichten.

Als die kritische Zeit mit Sarah vorbei war, bin ich auf einmal aufgewacht. Frank war inzwischen 5 Jahre, er war noch nicht im Kindergarten, er sollte immer zu Hause sein, damit er sich nicht abgeschoben vorkam. Jetzt wurde es Zeit, einen Kindergarten zu finden, denn im nächsten Jahr sollte er zur Schule kommen. Ab da habe ich mich ganz auf Frank konzentriert. Er sollte die beste Förderung bekommen, die es gab.

Ich habe ihn in einen privaten Kindergarten gegeben. Wir als Eltern mussten uns da sehr engagieren, was sehr schwer war, weil meine Mutter nicht mit beiden Kindern alleine bleiben wollte. Wir hatten wenig Zeit. Die anderen Eltern lagen uns auch nicht so. Wir haben alles gemacht, was von uns verlangt war. Frank sollte uns keinen Vorwurf machen können. Wir waren in diesem Kreis der Eltern Außenseiter. Sarah habe ich auch nie mitgenommen.

Als Frank dann zur Schule kam, gab es immer wieder neue Schwierigkeiten. Wir haben das Schulgeld bezahlt und alles ... Verstanden haben wir oft nicht, warum unserer Meinung nach Frank doch anders behandelt wurde. Wir wollten den Weg weitergehen. Die Schule hatte einen besonders guten Ruf.

Frank hat sich viel mit den anderen Kindern in der Schule geschlagen. Er durfte manche Sachen nicht mit in die Schule bringen, die andere schon dabei haben durften. Es hieß, er könne sich dann nicht konzentrieren. So durfte er während des Unterrichts keine Uhr haben, nicht einmal die von seiner Erstkommunion, auf die er so stolz war. Er hat natürlich ganz viele Tricks entwickelt, die Sachen doch dabei zu haben. Ich habe mich nicht mehr getraut, noch etwas zu sagen. Frank erhielt viele Verweise, welche andere Schule würde ihn dann noch nehmen?

Als Frank 12 Jahre war, hat er sich geweigert, weiter in diese Schule zu gehen. Wir haben ihn gezwungen. Er musste ja zur Schule gehen. Wir konnten uns nicht vorstellen, dass eine andere Schule ihn nahm. Frank wurde zu Hause sehr aggressiv. Ich konnte ihn mit Sarah nicht mehr alleine lassen.

Wir haben das dann noch mal besprochen. Und tatsächlich hat es geklappt. Frank musste nicht einmal eine Klasse wiederholen. Er wechselte zu einer anderen Schule, und die meisten seiner Probleme waren nach wenigen Wochen vorbei. Hätten wir das nur früher gewusst!

Frank rechnet uns hoch an, dass wir uns jetzt ganz für ihn eingesetzt haben. Er ist viel umgänglicher geworden, auch mit Sarah. Hätte ich das geahnt! Ich wollte nur das Beste!«

# 4. *Bei uns ist alles ganz anders*

## *Vom Zusammenleben mit behinderten Menschen*

Zwei Fragen bedrängen Geschwister von Kindern mit Behinderung immer wieder: Wie spreche ich über Behinderung? Wie erfahre ich etwas über Behinderung? Daran gebunden ist eine weitere Frage, nämlich: Wer könnten die richtigen AnsprechpartnerInnen für diese Fragen sein?

»Es ist normal, verschieden zu sein!« (Duisburger Erklärung 1996). Dieses Statement wird oft in Reden und Abhandlungen zitiert, die darauf hinweisen wollen, wie selbstverständlich Menschen mit Behinderung in der Gesellschaft von heute anerkannt sind. Was ist die Botschaft dieses Satzes? Handelt es sich dabei um die Feststellung, dass jeder Mensch Individualität besitzt, einzigartig und unverwechselbar ist? Ist damit gemeint, dass es Konsens in der heutigen Gesellschaft ist, jeden Menschen in seinem einmaligen Sosein anzuerkennen, oder soll die als Slogan formulierte Textzeile bewirken, dass Individualität als Norm anerkannt wird? Vielleicht braucht es genau solche schlagkräftigen Formulierungen, um darauf hinzuweisen, dass Verschiedenartigkeit die Norm sein sollte!

Wie wirkt dieser Satz auf diejenigen, die aufgrund ihrer »Verschiedenartigkeit« den finanzielle Unterstützung gewährenden öffentlichen Stellen ausgesetzt sind? Oder auf diejenigen, für die es aufgrund ihrer »Verschiedenartigkeit« normal ist, die Unterstützung professioneller MitarbeiterInnen einer Einrichtung in Anspruch zu nehmen, deren Personalschlüssel es nicht zulässt, die individuellen Bedürfnisse jedes Einzelnen wahrzunehmen und darauf einzugehen? Es ließe sich noch weiter über diese Aussage nachdenken. Kann damit erreicht werden, dass Menschen mit Behinderung eine größere Akzeptanz in der Öffent-

*Anders und doch ganz normal*

lichkeit erfahren, sie mit ihren Bedürfnissen selbstverständlich anerkannt werden? Wir gehen nicht davon aus.

Das folgende Beispiel zeigt die Auseinandersetzung eines 8-jährigen Jungen mit dem Umgang der Bezeichnung »Behinderung« in seiner Familie: »Ich kann das nicht mehr aushalten,« sagt laut der Junge und greift sich an den Hals. »Alle können etwas über die Behinderung ihres Bruders oder ihrer Schwester sagen, nur ich weiß nicht Bescheid. Mein Bruder macht viele Sachen, die ich nicht verstehen kann. Ich weiß nicht, was er hat. So ganz normal wie ich ist er nicht. Er will aber nicht anders sein, er sagt, an ihm sei doch alles dran. Ich traue mich nicht, meine Eltern zu fragen, was denn mein Bruder hat. Ich glaube, dass sie Angst haben, mit meinem Bruder über seine Behinderung zu reden, weil er immer so frech wird, wenn er merkt, dass er etwas nicht versteht, was ich schon kann, obwohl ich 5 Jahre jünger bin. Manchmal ist er auch ganz traurig. Aber ich kann ihm doch nicht erklären, was ich selbst nicht verstehe.«

In seiner Familie lebt ein älterer Bruder mit einer geistigen Behinderung. Für alle in der Familie ist es offensichtlich wichtig, dass Außenstehende, die Menschen mit Behinderung nicht auf den ersten Blick erkennen, nicht denken sollen, dass es sich hier um einen Jugendlichen mit Behinderung handelt. Alle Fragen, die damit zusammenhängen, werden »geregelt«. Es wird nicht offen darüber gesprochen. Um nicht zu verletzen, da das Wort Behinderung oftmals mit Verletzung gleichgesetzt wird?

Behinderung ist eine Lebensform wie andere Lebensformen auch, jedem Menschen ist mit Würde zu begegnen. Dieser Anspruch ist noch umzusetzen: auf der politischen Ebene, in Institutionen, in den Köpfen der Menschen, in den Familien, …

## *Was ist »Behinderung«?*

Obwohl in diesem Buch die Geschwister von Mädchen und Jungen mit Behinderungen im Vordergrund stehen, ist es uns wichtig, den Begriff Behinderung zu definieren. Wir bringen damit zum Ausdruck, dass es immer wieder der tiefgehenden Beschäftigung bedarf, auch für uns, die wir in vielfältiger Form mit Menschen mit Behinderung, vor allem beruflich, in Verbindung stehen. Neben der professionellen Auseinandersetzung ist es eine Anfrage an die eigene Haltung zum Leben mit Behinderung, die weder zur Routine werden darf, noch oberflächlich nach dem Motto »Diese Frage haben wir für uns einmal geklärt, und das muss reichen!« zu führen ist.

Die Weltgesundheitsorganisation (WHO) veröffentlichte 1980 erstmals die Internationale Klassifikation der Schädigungen, Fähigkeitsstörungen und Beeinträchtigungen (ICIDH – International Classification of Impairments, Diseases and Handicaps).

Unter Schädigung ist die Abweichung von einer psychischen, physischen oder anatomischen Struktur oder Funktion zu verstehen. Funktionseinschränkungen resultieren aus einer Schädigung und verunmöglichen es einem Menschen, »eine Tätigkeit in der Weise oder in dem Leistungsrahmen auszuüben, wie es für ein menschliches Wesen als normal gilt« (Erhard Fischer*). In einer neuen Fassung von 1998 (ICIDH-2, International Classification of Impairments, Activities and Participation) wird der Begriff der Funktionsstörung durch das Konzept der »Aktivität« ersetzt. Aktivität bezeichnet »die Art und das Ausmaß einer zielgerichteten Tätigkeit einer Person als autonom handelndes Subjekt« (Erhard Fischer). Behinderung bezieht sich »auf die durch soziale und gesellschaftlich definierte Erwartungen und Rollen bestimmten Folgen einer oder mehrerer Schädigungen und beschreibt die Art und Weise, wie eine Person mit ihren funktionellen Einschränkungen bzw. mit den ihr verbliebenen ›offenen Möglichkeiten‹ in ihrer jeweiligen materiellen und sozialen Umwelt zurechtkommt« (ebd.). In der neuen Fassung der WHO löst »Partizipation« den Begriff »Handicap« (Behinderung) ab. »›Partizipation‹ als Teilhabe, Einbezogensein, Zugang haben zu Informationen, also zu allen für eine Person relevanten Lebensbereichen. Eine Einschränkung der Partizipation wird definiert als ›Nachteil für eine Person mit einem Schaden oder einer Aktivitätsstörung, der erst durch bestimmte Eigenschaften oder Kontextfaktoren (d. h. umweltbedingte und persönliche Faktoren) entsteht oder verschlimmert wird‹« (ebd.).

* vgl. Fischer, Erhard (Hrsg.): Pädagogik für Kinder und Jugendliche mit mehrfachen Behinderungen, Dortmund 2000

Im Konzept der WHO wird auch auf die Gefahr des »Schönredens« hingewiesen: »Wie auch immer Behinderungen genannt werden – sie werden ungeachtet ihrer Bezeichnungen existieren. Daher ist das Problem nicht nur ein sprachliches, sondern auch und vor allem ein Problem des Verhaltens von anderen Menschen und der Gesellschaft gegenüber Behinderten. Nicht eine politisch korrekte Sprache ist vonnöten, sondern ein korrekter Inhalt und Gebrauch« (ICIDH 2).

Wir sind mit unterschiedlichen Bezeichnungen vertraut. Bei einigen haben wir den Eindruck, dass sie »umschreiben, um nicht benennen zu müssen«:

- Behindertes Kind, behinderter Mensch, Kind mit Behinderung; Mensch, Person mit Behinderung
- Menschen mit so genannter geistiger Behinderung
- Kinder mit Beeinträchtigungen
- Kinder mit Entwicklungsverzögerungen
- Seelenpflegebedürftige Kinder
- Besondere Kinder
- Kinder mit besonderen Kompetenzen
- Kinder mit besonderen Bedürfnissen
- Anders fähige Kinder

Umschreibungen und Nichtbenennungen gehen oftmals zu Lasten der Geschwisterkinder. Sie spüren, ahnen, wissen, dass mit dem Bruder, der Schwester »etwas anders« ist, und sollen gleichzeitig nicht wissen, was wirklich los ist. Die Vermeidung der Verletzung des einen Menschen sollte nicht in eine zumutbare Verletzung des anderen umgewandelt werden.

## *Offen über Behinderung sprechen*

Es ist sicher eine große Herausforderung für Eltern, mit ihrem Kind über seine Behinderung zu sprechen, und viele haben Angst davor. Sie sehen keinen Weg, wann und wie sie das Gespräch führen könnten. So schwer es für den Menschen mit Behinderung sein mag, sich mit seinen persönlichen Beeinträchtigungen konfrontieren zu müssen: Die

Auseinandersetzung ist notwendig und kann niemandem erspart werden. Sie ist letztlich die einzige Möglichkeit, mit all den Fragen leben zu lernen, die das Leben, auch durch Behinderung, aufgibt.

»Ein unbedingtes Vermeiden der Benennung von Defiziten kann nach Klauß (…) auch als Form der Verleugnung bzw. der Verdrängung gewertet werden und die Auseinandersetzung der Betroffenen mit der eigenen Behinderung und die Ausbildung eines tragfähigen Selbstbewusstseins behindern« (Erhard Fischer).

Es braucht neue Formen des Umgangs mit Behinderung. Das zeigen die vielfältigen Erfahrungen, die Familien mit behinderten Kindern leider immer noch mit nahen Verwandten, Ärzten und gesellschaftlich verankerten Stereotypen machen.

## *Erfahrungen*

### *In der Verwandtschaft*

»Ich gehe gerne mit Sabine (nicht behindert, 3 Jahre) spazieren, aber mit Julius (schwer mehrfachbehindert, 5 Jahre) gehe ich nicht auf die Straße. Ich könnte jemand treffen, der mich kennt.«

Wir können nur ahnen, was es für die Mutter der beiden Kinder heißt, wenn ihre eigene Mutter zum Ausdruck bringt, dass sie sich für das behinderte Enkelkind schämt.

### *Aussagen von Ärzten*

»Alles, was aus dem Kind wird, liegt in Ihrer Hand.« (Arzt zur Mutter eines Kindes mit Autismus-Syndrom)

»Menschen, die diese Krankheiten nicht kennen, erkennen sie nicht auf den ersten Blick.«

### *In der Gesellschaft*

»Unter Hitler hätte es das nicht gegeben.«

»Das hätte heute doch nicht mehr sein müssen.«

»Ist das etwa ansteckend?« – Die Eltern sagen nicht, dass ihr Kind eine Behinderung aufgrund einer Virusinfektion im Säuglingsalter hat, da sie befürchten, von anderen gemieden zu werden.

## *Strategien zur Bewältigung*

Durch diese Erfahrungen prägen sich in den Familien »Umgangsformen« bis hin zu »Ideologien« aus: »Hurra, ich habe ein Kind mit Down-Syndrom!« »Ich tue alles, damit mein Kind so normal wie möglich ist. Es liegt nur an der Gesellschaft, dass das nicht geht.«

### *»Er soll so normal wie möglich leben!«*

Ein 5-jähriges Kind mit autistischen Zügen beißt beim Trinken immer wieder in das Glas. Es entsteht eine gefährliche Situation, da es Glassplitter im Mund hat, die zu Verletzungen im Mundraum und bei Verschlucken auch in weiteren Körperteilen führen können. Die Eltern bieten dem Kind immer wieder das Glas an, da »das normal und in der Gesellschaft üblich ist«. Jede Trinksituation erfolgt in diesem Muster. Entspricht das der Realität des Kindes? Kann bei dieser Situation von einem normalen Ablauf gesprochen werden?

Und doch ist das Bestreben der Eltern, ihrem Kind die in der Gesellschaft übliche Form des Trinkens beizubringen, nachvollziehbar und anerkennenswert. Welche gesellschaftliche und persönliche Unterstützung bräuchten sie, um von dieser Form des Trinkens Abstand zu nehmen, ohne das Gefühl zu haben, ihrem Kind eine Lernchance vorzuenthalten?

Fabian, 5 Jahre, leidet an einer Krankheit, die einen Abbauprozess der motorischen und kognitiven Fähigkeiten bedingt. Er soll, so lange das noch möglich ist, an allem teilhaben. Eine Phase im Krankheitsverlauf ist die der gesteigerten motorischen Aktivität. Fabian kommt von sich aus nicht zur Ruhe, er läuft umher, hält nur für kurze Momente inne, läuft weiter.

Solange er laufen kann, soll er nicht in der Karre sitzen. Dabei wird übersehen, dass die sozialen Anknüpfungspunkte weniger werden. Erst aus der Ruhe heraus, die durch das Sitzen in der Karre erreicht werden kann, wird ihm die Teilhabe an gemeinsamen Ereignissen möglich. Es ist eine Gratwanderung, festzustellen, ab wann es der Einschränkung bedarf, um das eigentliche Ziel, nämlich die Teilhabe am gemeinsamen Leben, nicht aus dem Auge zu verlieren.

### *»Wir tun alles, damit wir das Kind so gut wie möglich fördern.«*

Ein 10-jähriges Mädchen, schwer körperbehindert, läuft auf 2 Krücken unter dem Beifall der anderen durch einen großen Saal. Mit dem Satz »Da war ich so stolz, dass sie das geschafft hat«, in dem mitschwingt »Da war ich so stolz, dass ich das geschafft habe«, bringt die Mutter die Anerkennung für die Leistung ihrer Tochter zum Ausdruck. Gleichzeitig würdigt sie ihren Einsatz, der notwendig war, damit das Mädchen diese Leistung vollbringen konnte, und weist somit auf die eigene Leistung hin.

Als weiteres Beispiel ein Auszug aus dem Brief einer Mutter: »Hast du ein Kind, das geistig doch einige Möglichkeiten mitbringt, dann wünschst du, dass es eine Chance hat. Schnell bist du aber immer die Mutter, die ihr Kind zu gut sieht. Ständig kämpfst du gegen Mühlen, musst dich rechtfertigen, zweifelst dein Kind an.«

### *Außenfeinde, um die innere Realität zu ertragen*

»Bei uns kann er das alles. Warum geht es in der Schule nicht?«
»Philipp kann zu Hause rechnen. In der Schule wird er einfach nicht gefördert.«
»Mein Bruder kann alles, die Lehrer verstehen ihn nicht.«
»Sie müssten nur mehr Zeit haben, dann würden sie schon sehen, was meine Tochter kann.«

## *Die Bedeutung von Selbsthilfegruppen*

Selbsthilfegruppen, in denen sich meistens Eltern von Kindern mit der gleichen Behinderung treffen, machen es sich zur Aufgabe, Anlaufstelle für betroffene Familien zu sein, Informationen über die Behinderung und Behandlungsmöglichkeiten auszutauschen, die Begegnung von Menschen mit ähnlicher Betroffenheit zu organisieren. Hier ist die mit einem Namen etikettierte Behinderung zentrales Thema.

Familien müssen sich nicht erklären, man trifft sich in einem Kreis von Betroffenen, die wissen, wovon die anderen sprechen. Man ist nicht Außenseiterfamilie, sondern eingebettet in eine Reihe von Familien, die ein ähnliches Schicksal verbindet.

Es werden Ratschläge und Tipps ausgetauscht, die im oft mühsamen Alltag mit den Kindern erprobt wurden. Die Mütter (sie sind es in der Regel, die den Alltag mit dem Kind leben) erfahren Anerkennung für das, was sie an andere weitergeben können. Besonders engagierte Mütter, oft sind es dieselben, die eine Funktion in der Vereinsorganisation übernommen haben, lassen keine Zweifel offen, dass bei Einhalten ihrer Ratschläge Probleme abzubauen sind, das Kind auf jeden Fall Fortschritte machen wird. So hilfreich dieser Austausch sein kann, birgt er doch die Gefahr in sich, dass bei Müttern, die trotz Befolgen der guten Ratschläge nicht an das vorgegebene Ziel herankommen, Schuldgefühle auftreten, noch größere als bei einem Scheitern aufgrund der Vorschläge einer professionellen Begleiterin. »Wenn die von einer Mutter angebotenen Problemlösungen bei mir nicht wirken, muss das an mir und meiner Unfähigkeit liegen!« Ein anderer Weg ist das Negieren aller Möglichkeiten, die Entlastung und Erleichterung bringen könnten: »Bei euch mag das ja alles gehen, aber mein Kind ist in unserer Runde am schwersten behindert, und da greift das alles nicht.«

In einigen Selbsthilfegruppen ist Integration in die Gesellschaft das Hauptanliegen. Die Forderung nach Gleichstellung von Menschen mit Behinderung und deren politische Durchsetzung ist bedingungslos anzuerkennen. Zu hinterfragen dabei ist immer die eigene Motivation (»Wenn ich kämpfen kann, lässt sich die Realität leichter ertragen. Ich muss mich nicht mit mir befassen.«) und die Wahl der Mittel, um diese Forderung durchzusetzen. Sie gilt für alle Menschen mit Behinderung ungeachtet des Schweregrades. Gerade für Menschen mit schwerer Behinderung, deren Kommunikation auf anderen Ebenen abläuft und übersetzt werden muss, ist sicherzustellen, dass ihre Bedürfnisse wahr- und ernst genommen werden und die notwendigen zeitlichen, räumlichen, personellen und auch finanziellen Mittel zur Verfügung stehen, um sie in ihrem Menschsein anzuerkennen.

»Es ist normal, verschieden zu sein.« Aber oft muss es erst noch normal werden! Nicht sehr hilfreich ist ein zu frühes »Beschwören von Normalität«, weil es dabei in der Öffentlichkeit bei denjenigen, denen die Realität von Menschen mit Behinderung nicht vertraut ist, zu dem fatalen Fehlschluss kommen könnte: »Wenn alles ganz normal ist, braucht es keine besondere Förderung, keine Unterstützung und schon gar nicht zusätzliche finanzielle Mittel.« – Ein für Politiker in einer Zeit, in der Staatshaushalte saniert werden müssen, willkommenes Entlastungsangebot.

## *Verharmlosung führt nicht weiter*

Für die Geschwister muss, wie für jedes andere Kind auch, gelten, dass sie das wahrnehmen und aussprechen dürfen, was sie subjektiv für sich als wirklich und wahr empfinden. Störungen in der Wahrnehmung sind unter anderem dadurch zu vermeiden, dass Erlebtes, Beobachtetes ausgesprochen und das Kind mit seinen Mitteilungen ernst genommen wird.

Wie sehen die nicht behinderten Geschwister ihr Geschwister mit Behinderung? Wer sind die Kinder mit Behinderung für die Geschwister? Was sagen sie über sie?

Der 6-jährige Felix: »Bei uns kann jeder etwas besonders gut: Papa ist das beste Schaukelpferd. Mama ist die beste Trösterin. Stefan ist der beste Freuer. Susanne ist die beste Zuhörerin. Ich, Felix, bin der beste Mama-Tröster. Rebecca ist die beste Im-Weg-Steherin.«

Jan, 8 Jahre, beschreibt seine beiden behinderten Brüder, einer jünger, einer älter als er: »Mein Bruder kann nicht so gut schreiben und lesen. Mein anderer Bruder spricht nicht so gut. Sonst können sie alles so wie ich.« Wir treffen auf zwei Kinder mit einem Syndrom, das sehr viele Beeinträchtigungen mit sich bringt. Jan hat lediglich beschrieben, was in seinen Augen von den beiden nicht »so gut« gekonnt wird. »Alles andere« erlebt er so wie bei sich selbst.

Madalena, 8 Jahre, beschreibt ihren Bruder: »Mein Bruder, 14 Jahre, sitzt im Rollstuhl. Er kann nicht essen, trinken, laufen und sprechen. Mein Bruder hat Hände, die sehen aus wie Fäuste. Mein Bruder kriegt Essen und Trinken durch die Sonde. Seine Zähne braucht er nicht. Mein Bruder wohnt auf dem Röderhof (Einrichtung für Menschen mit Behinderung, Anm. d. Ver.). Mein Bruder freut sich, wenn ich mit ihm rede. Mein Bruder ist schwer. Mein Bruder kann nicht schwimmen, nicht mal mit Hilfen.«

Jan stellt folgende Fragen: »Was soll ich antworten auf die Frage: Auf welche Schule geht deine Schwester? Warum muss ein Kind mit Lernfehlern auf eine Behindertenschule gehen?« Folgende Situation hat diese Fragen ausgelöst: »Ich schwimme jeden Montag mit einem Freund. Heute holte meine Mutter uns ab. M., so heißt mein Freund, hat mich gefragt, auf welche Schule meine Schwester geht. Da habe ich so getan, als wüsste ich es nicht. Schließlich hat er es doch rausgekriegt und hat mich ausgelacht. Mir war das ganz peinlich. Da hat meine Mutter M. gefragt, was das soll. Plötzlich war es ganz still. Als wir bei ihm zu Hause waren, ist er schnell ins Haus gegangen.«

Seine Schwester beschreibt er so: »Meine Schwester ist geistig behindert. Sie hat blonde Haare und bewegt sich auffällig. Sie trägt eine Brille. Sie hat blaue Augen. Sie verhält sich nicht laut, aber auch nicht leise. Außerdem will sie immer Erste sein. Sie sitzt nicht im Rollstuhl und kann gut laufen und reden. Sie redet nicht sehr viel und ist oft aufgeregt. Sie ist schnell gereizt. Sie ist sehr gehorsam. Sie wirbelt oft mit ihrer Hand in der Luft herum. Wenn ich etwas sage, kann sie mir nicht gut folgen, und sie hat ganz wirre Gedanken. Sie kann gut essen. Sie ist sehr geizig und glücklich, sie weiß nicht, was Neid heißt.«

Andrea, 15 Jahre , sagt über ihren Bruder Folgendes:» Wir können nicht so leben wie andere Familien. Michael soll nicht spüren, dass er behindert ist. Er hat so viele Entwicklungschancen. Er hat noch so viel gelernt von dem, was nach Aussagen des Arztes gar nicht kommen konnte. Er fällt bei allen Schulen immer durch. Er ist sehr schwach. Er selber sagt: Er geht zur Schule am Tor, das ist eine Körperbehindertenschule. Er kann wenig sprechen. Ich werde ganz aggressiv, wenn wir zum Kaffee eingeladen sind und er 3 Stunden nichts sagt. Mir passiert immer öfter, dass ich sage, dass ich einen behinderten Bruder habe. Ich schäme mich dafür. Ich möchte ihn nicht abstempeln. Er wird uns eines Tages sagen, was er will. Wir können nichts vorbereiten.«

## *Menschen mit Behinderungen so akzeptieren, wie sie sind*

Welchem äußeren und inneren Druck setzt sich Andreas Familie aus? Was bedeutet diese Situation für die 15-jährige Schwester, die in einen Teufelskreis gerät. Wie sie sich auch verhält, es ist stets falsch. Es ist Konsens in der Familie, den Bruder nicht als behindert zu bezeichnen. Verständlich, wenn in früheren medizinischen Prognosen das Lernpotenzial des Jungen drastisch unterschätzt wurde, die Familie alles unternimmt, um Michael die Lernchancen zu geben, die eine Entwicklung ermöglichen, die weit über der vorhergesagten liegt. Bei Besuchen spricht der Junge nicht, so fällt weniger auf, dass er Schwierigkeiten mit dem Sprechen hat. Für die Schwester ist dieses Verhalten provokativ, macht sie aggressiv, und aus dieser Spannung heraus durchbricht sie die Vereinbarung. Sie spricht immer öfter davon, einen behinderten Bruder zu haben. Gleichzeitig schämt sie sich dafür, entwickelt Schuldgefühle. *Wäre es nicht für alle befreiend, wenn Michael das sein dürfte, was er ist – ein Mensch, der neben seinen Fähigkeiten Beeinträchtigungen hat und adäquate Unterstützung braucht.*

Wenn Geschwister ihre Erfahrungen austauschen, hören wir, dass diejenigen, deren Brüder oder Schwestern eine schwere Behinderung haben, die äußerlich sofort erkennbar ist, diesem inneren Konflikt nicht ausgesetzt sind. Der Rollstuhl wird zum Symbol der Zugehörigkeit zur Gruppe der Menschen mit Behinderung, deutlich sichtbar für alle.

Schwieriger ist es für jene, deren Geschwister eine Behinderung haben, die nicht auf den ersten Blick erkennbar ist, oder die darauf festgelegt sind, die Normalität der Behinderung bedingungslos anzuerkennen.

Im Sinne der heutigen Vielfalt von Lebens- und Beziehungsgestaltung ist die Familie, in der ein Kind mit Behinderung lebt, eine normale Familie. Für die einzelnen Familienmitglieder ist ihre jeweilige Lebenssituation Realität, hat Gültigkeit, stellt in sich betrachtet Normalität dar. Abweichungen werden festgestellt, wenn der Vergleich mit Familien angestellt wird, die nicht unmittelbar mit einem Angehörigen mit Behinderung zusammenleben. Deren Alltag unterscheidet sich grundlegend, da sämtliche Maßnahmen zur Unterstützung des Familienmitgliedes und Bewältigung des Alltags nicht erforderlich, daher auch nicht Thema sind. Die entsprechende Gestaltung des Wohnraumes, beispielsweise für einen Rollstuhlfahrer, die Notwendigkeit von Lagerungshilfen für Menschen mit schwerer Mehrfachbehinderung oder der Verzicht auf Raumschmuck, weil ein bewegungsfreudiges Kind alles herunterreißen würde, ist für eine nicht betroffene Familie unvorstellbar. Ihr häusliches Umfeld wird sich von dem einer Familie mit einem Kind mit Behinderung unterscheiden. Diese Erfahrung machen Geschwister von Kindern mit Behinderung, wenn sie durch Freunde und Schulkameraden in deren Zuhause kommen und Einblick in die Lebensumstände anderer Familien gewinnen. Damit wird für die Kinder deutlich, dass es Unterschiede gibt, besonders auch in der Gestaltung des Alltags.

Behinderung und die daraus resultierenden Lebensumstände sollen Thema werden dürfen. Für die Geschwister ist die eigene Familie manchmal nicht der erste Ort, an dem diese Beobachtungen und Erfahrungen angesprochen werden. Sie wollen nicht verletzen, wollen nicht den Eindruck erwecken, dass sie mit den Lebensumständen in ihrer Familie unzufrieden sind. Manchmal sind Vertrauenspersonen wie Onkel oder Tante AnsprechpartnerInnen. Sie sind nicht unmittelbar betroffen und daher nicht so verletzbar, wie es die Eltern vielleicht sein könnten.

Eine weitere Möglichkeit sind Geschwistertreffen. Die Geschwisterkinder haben das Recht, dort auf Personen zu treffen, die mit dem Leben von Menschen mit Behinderung vertraut sind, sich mit der Bedeutung von Leben mit Behinderung auseinander gesetzt haben, die die Haltung der Kinder zu ihren Geschwistern mit Behinderung akzeptieren und bereit sind, ihre Einstellung und Haltung immer wieder zu reflektieren und für die Geschwisterkinder transparent zu machen.

# 5. *Das habe ich gut geschafft!*

## *Geschwister melden sich zu Wort*

*»Hallo ihr,*

*wir sitzen gerade in einer Kleingruppe auf einer Tagung und besprechen Fragen über unsere behinderten Geschwister. Eine Frage, die wir häufig stellen, ist: »Was wäre, wenn mein Bruder, meine Schwester nicht behindert wäre?« Und auch: »Warum habe gerade ich ein behindertes Geschwisterkind?«*

*Manchmal fällt es uns schwer, damit fertig zu werden, dass das Geschwisterkind so bleiben wird, wie es ist, nämlich immer behindert. Hier können wir lernen, unsere behinderten Geschwister aber gerade so zu akzeptieren, wie sie sind.*

*Als Geschwister von behinderten Kindern verbindet uns vieles. Das Austauschen über schwierige Situationen und darüber, wie man sie meistern kann, macht Mut, sich gegen andere durchzusetzen, die kein behindertes Geschwisterkind haben. Wir stellen fest, dass wir oft die gleichen Probleme haben, und deshalb lacht keiner hier, wenn wir von unseren Lebenssituationen erzählen. Keiner spottet, wenn wir mal traurig sind und weinen.*

*Wenn wir nach einer Tagung wieder nach Hause fahren, nehmen wir viele Erfahrungen mit. Wir wissen, dass wir mit unserer Situation nicht alleine sind und dass andere auch damit fertig werden müssen. Das hilft, mehr Selbstvertrauen zu gewinnen. Nach niederschmetternden Situationen kann man sich dann gegenseitig wieder aufbauen.*

*Wir wünschen uns, dass ihr unsere behinderten Geschwister akzeptiert und dass ihr über unsere Fragen und Gedanken nachdenkt.*

*Tschüss, eure Gruppe« (Knees/Winkelheide: Ich bin nicht du – Du bist nicht ich).*

Dieses Kapitel ist den Kindern und Jugendlichen gewidmet, die uns ihre Geschichten zur Verfügung gestellt haben. Meistens sind die Schriftstücke im Rahmen von Tagungen entstanden, wobei von uns der Impuls gegeben wurde, das aufzuschreiben, was den Kindern wichtig ist und anderen Menschen mitgeteilt werden soll. Adressaten sind die Geschwister mit Behinderung, Freunde und Freundinnen, Eltern, Lehrer und Lehrerinnen, andere Geschwister von Kindern mit Behinderung oder auch diejenigen, die Interesse an ihren Gedanken haben könnten. Von einigen Kindern gibt es mehrere Dokumente, die zu unterschiedlichen Zeitpunkten geschrieben wurden. Damit werden Prozesse der Auseinandersetzung nachvollziehbar.

Die Anliegen und Überlegungen der Kinder sind in kurzen Erzählungen, Briefen an bestimmte Adressaten und als besondere Form in Briefen an sich selbst festgehalten. Die meisten wurden aus dem Buch »Knees / Winkelheide: Ich bin nicht du – Du bist nicht ich« übernommen. Die von den Kindern verfassten Beiträge sprechen für sich selbst. Wir setzen sie unter Überschriften und verzichten auf Kommentare und Interpretationen.

## *»Ich habe lange überlegt.«*

Die folgenden 4 Geschichten und Briefe wurden von Tina im Alter von 12 Jahren verfasst. Sie nahm damals im Laufe eines Jahres an mehreren Seminaren teil, beschäftigte sich immer wieder mit ihrer Beziehung zu ihrem Bruder:

»Ich habe lange überlegt. Aber über meinen Bruder Manuel lässt sich einfach nicht so viel erzählen. Mein Bruder wurde nicht behindert geboren. Wir waren bei meiner Tante und meinem Onkel zu Besuch. Sie hatten einen Teich, und alle Kinder waren draußen. Als er alleine war, nutzte er die Gelegenheit aus, um zu baden. Der Teich war umzäunt, und Manuel kletterte rüber. Er konnte nicht schwimmen. Später hat die Verwandtschaft den Teich zugegraben.

Manuel lag lange im Koma. Jetzt hat er immer Krämpfe. Und er ist schwer behindert. Meine Mutter hilft ihm, Medikamente zu nehmen,

*Gemeinsam sind wir stark*

und auch beim Essen. Manuel kann nicht laufen, sich nicht bewegen und nicht sprechen. Wir hoffen, dass er wieder gesund wird. Wir hätten nicht gedacht, dass er über einen Zaun klettern kann.«

»Lieber Manuel,

früher habe ich mir noch nie Gedanken gemacht, dass du heute so sein wirst. Ich finde gut, dass du auf eine Behindertenschule gehst. Demnächst wird deine Schule auf den Namen »Astrid Lindgren« benannt. Ich finde gut, dass du ausdrücken kannst, wenn du nicht sitzen oder liegen möchtest. Ich finde nicht so gut, dass du abends, wenn man ein bisschen zu laut ist, dass du dann quengelst. Aber ich muss auch einsehen, dass ich auch Rücksicht auf dich nehmen muss. Mich würde interessieren, wie du darüber denkst und du dich verhalten würdest, wenn ich so wäre. Ich denke, dass du da bist, es aber nicht zeigen kannst. Ich habe das Gefühl, dass du es gerne zeigen würdest. Ich glaube, dass du gerne Musik hörst. Ich frage mich, wenn du sprechen könntest, ob du gerne mit mir spielen würdest? Dann könnten wir viel mehr unternehmen. Wir wissen nicht, ob du traurig bist. Aber du brauchst dich nicht allein zu fühlen, denn ich habe dich sehr lieb. Und egal, was passiert, du kannst immer auf mich zählen.

Tschüss, deine Tina.«

»Hallo Tina,

ich finde, dass wir trotz meines behinderten Bruders eine glückliche Familie sind. Ich könnte mit meinem Bruder Manuel viel unternehmen, wenn er gesund wäre. Ich würde mich total freuen, wenn Manuel auch nur einen Satz sprechen könnte. Früher, wenn er mit meinem großen Bruder weggehen wollte, sagte er immer »Nennis mit«. Damit meinte er, dass er auch mit Dennis weggehen möchte. Das Gute daran, einen behinderten Bruder zu haben, ist gar kein Vorteil. Nur dass man gute Parkplätze hat. Und dass man eine größere Wohnung hat. Und ich würde es doof finden, wenn jemand Behinderte lächerlich machen würde. Und diese Person hätte dann nur eine schlechte Meinung über sich. Und ich glaube, dass Manuel das auch total doof finden würde.

Tschüss, deine Tina« (Brief an sich selbst gerichtet).

### *Das habe ich gut geschafft! (Titel war vorgegeben):*

»Mein Bruder kann bestimmt nicht verstehen, dass er nicht sprechen kann. Er macht immer Mundbewegungen, weil er zu sprechen versucht. Damit er sich verstanden fühlt, sage ich dann zu ihm: ›Ja, Manu, du hast Recht.‹ Ich habe auf Seminaren gelernt, offen darüber zu reden. Bevor ich auf solchen Tagungen war, habe ich fast gar nichts mit Manu gemacht, weil ich nicht wusste, wie ich mit seiner Behinderung umgehen sollte. Ich hatte die Chance, offen über alles zu reden, und es hat mir geholfen zu sehen, dass ich nicht alleine mit dieser schwierigen Situation bin. Und es ist gut, dass es auch Menschen gibt, die nicht gemein zu Behinderten sind, sondern sie so akzeptieren, wie sie sind.«

## *Tücherkauen**

»Versonnen zur Decke schielend stopft Johanna sich ihren hellila Stofflappen in den weit aufgerissenen Mund, beißt darauf, zieht daran, beißt erneut, zieht wieder ... Dabei erklingen wildes Gurgeln und Krähen aus Johannas Kehle durch das Tuch hindurch. Sie ist bester Laune und geht ihrer Lieblingsbeschäftigung nach: Tücherkauen.

Johanna ist meine siebenjährige Schwester. Sie liebt die Wärme, schöne Musik, Baden und isst gerne Haferbrei mit Banane. Sie kann lachen und sich wohl fühlen. Die meisten anderen Dinge, die eine Siebenjährige so macht, tut sie jedoch nicht. Sie ist extrem stark behindert, kann weder ihren Kopf halten noch sitzen noch sehen. Von Gehen und Sprechen kann nicht die Rede sein, wir wissen nicht einmal, ob sie uns, ihre Familie, erkennt.

Was das Zusammenleben mit Johanna besonders schwer macht, ist, dass sie aufgrund einer Stammhirnschädigung nicht ihre Temperatur halten kann. Im Sommer muss sie einen Winteranorak tragen, im Winter hat sie ständig Wärmflasche und Heizkissen bei sich und kann das Haus kaum verlassen. Bekommt sie nicht ihre Extraportion Wärme, sinkt ihre Temperatur kontinuierlich ab, was natürlich ab und zu auch aus Versehen – weil zum Beispiel ein Heizkissen nicht eingeschaltet war – passieren kann. (Der von uns gemessene Rekordwert war 33,8 Grad Celsius.) Johanna hat zudem keinen Tag- und Nachtrhythmus. Manchmal schläft sie fast 48 Stunden am Stück, dann wiederum ist sie nächtelang wach und »kräht«, so dass wir ihr am liebsten »das Maul stopfen« würden.

Nachts kann man sie nicht einfach alleine lassen, weil ja auf ihre Temperatur geachtet werden muss. Außerdem bricht sie manchmal relativ heftig und ohne Vorwarnung. Ist dann keiner bei ihr, der sie aufrichtet und stützt, passiert es leicht, dass sie Erbrochenes einatmet, was wiederum zu einer Lungenentzündung führt.

* Dieser Text wurde im Zusammenhang mit einem Vortrag von Marlies Winkelheide im DRK Generalsekretariat Berlin im September 2001 veröffentlicht.

Johannas Pflege ist anstrengend und sehr ermüdend. Es tut mir weh zu sehen, wie unausgeschlafen und kaputt meine Eltern oft wegen Johannas Nachtleben sind und wie grau der Bart meines Vaters in den ersten Jahren nach Johannas Geburt geworden ist. Außerdem ist da die Sorge, dass die Pflege in Zukunft nicht mehr bewältigt werden kann, weil Johanna zu schwer und zu groß wird.

Genauso wie alle anderen hat Johanna ein Recht auf Leben. Ich glaube nicht, dass sie unglücklicher ist als ein »normaler« Mensch. Anders eben. Natürlich ist sie enorm eingeschränkt in ihren Möglichkeiten für die Zukunft. Jedoch glaube ich, dass sie ihre Behinderung nicht als störend empfindet, dass sie es gar nicht weiß.

Es ist nicht immer leicht mit Johanna, aber da sind auch viele positive Erfahrungen. Ich denke, dass ich menschlich durch Johanna viel gelernt habe. Sie hat mir gezeigt, dass es nicht nur auf Leistung ankommt in dieser Welt, sondern dass man sich auch einfach so freuen kann zu leben. Johanna bereichert unsere Familie auf jeden Fall. Und auch in Bezug auf andere Menschen erlebt man Schönes und Komisches mit Johanna, wie zum Beispiel die eigentlich fremde Frau, die im Restaurant anbietet, sich um Johanna zu kümmern, damit wir in Ruhe essen können, oder ein Satz meines 4-jährigen Bruders, als ein anderes Kind neugierig vor Johannas Rollstuhl stand: ›Die tut nix, kannst du ruhig streicheln‹« (Rebekka, 17 Jahre).

## *In der Öffentlichkeit*

»Mein behinderter Bruder und ich sind in den Ferien mit dem Bus zu meiner Mutter in den Laden gefahren. Fabian (14 Jahre) hat einen Behindertenausweis. Damit braucht er sich keine Fahrkarte zu kaufen. Fabian setzt sich gleich auf den Behindertenplatz. Und wenn ein älterer Mensch in den Bus hineinkommt, guckt er den sofort an, weil er Angst hat, dass er für sich den Platz beanspruchen können wolle. Er guckt ihn dann sehr lange an. Und so etwas ist uns passiert. Es kam eine alte Dame herein. Fabian guckt nur. Die Dame aber auch. Sie fragt Fabian: ›Was gaffst du denn so?‹ Dabei hat sie selber nur gegafft. Und dann noch was. Eine Oma stieg in den Bus und behauptete, sie sehe im

Bus nichts und habe mehr Recht, den Platz für sich zu behaupten. Und alle Leute hinten im Bus dann auch: ›Ja genau, die Frau ist viel älter und kann nicht so gut laufen und sieht nichts!‹

Ich wurde richtig traurig. Fabian bekam danach sofort seinen Wutanfall und schlug wild umher. Die Frau hinter Fabian hielt ihn fest. Ich schrie sofort: ›Lassen Sie ihn los.‹ Fabian schrie auch. Danach ergab sich die Frau und meckerte nur noch rum. Das Komische war, dass hinter uns noch ganz viele Plätze frei waren und die Dame nicht imstande war, sich dort hinzusetzen« (Mareike, 11 Jahre).

»Einmal waren wir beim Marathon. Papa, Gloria und ich sind die Laufbahn hinuntergegangen. Da stießen wir auf einen Eiswagen. Wir wollten uns ein Eis kaufen. Gloria hat vom Eisverkäufer ein Eis geschenkt bekommen. Ich habe kein Eis geschenkt bekommen, sondern Papa hat mir eines gekauft« (Simon, 9 Jahre).

## *Gefühle*

»Letzten Sommer hatte ich mich mit meiner Freundin zum Schwimmen verabredet. Als ich gerade aus dem Haus gehen wollte, teilte meine Mutter mir mit, dass sie heute ebenfalls mit Christine, meiner behinderten Schwester (2 Jahre älter, Anm. d. Ver.), zum Schwimmen gehen wolle und deshalb erwarte, dass ich auch mal mit Christine ins Wasser gehe. Ich war stinksauer, doch letztendlich ließ ich mich dazu erweichen.

Als ich gerade mit meinen Freunden am Rumtollen war, stand meine Schwester mit ihren orangen Schwimmflügeln vor mir am Beckenrand. Sie rief: ›Kirsten. Huhu!‹ Es war zu peinlich. Ich rief: ›Bitte, geh weg! Ich spiel später mit dir.‹ Doch dann kam das, was ich mir nie hätte träumen lassen. Alle meine Freunde guckten mich ganz verdutzt an und sagten: ›Mein Gott! Lass sie doch mitspielen.‹ Da wurde mir klar, wie blöd ich gewesen war, meiner Schwester so in den Rücken zu fallen. Vorhin hatte ich mich für meine Schwester geschämt, doch jetzt schämte ich mich für mich und mein Verhalten. Alle waren sie besorgt um Christine. Sie behandelten sie fast wie eine echte Freundin. Und als sie blaue Lippen bekam, brachten sie alle zum Platz zurück. Jetzt weiß ich, dass es Quatsch ist, sich für etwas zu schämen, was nicht schämenswert ist« (Kirsten, 14 Jahre).

»Lieber Matthias,

in diesem Brief möchte ich dir schreiben, was ich an dir gut finde und was mich ab und zu nervt. Das soll jetzt keine Standpauke sein, sondern ich möchte dich nur auf etwas hinweisen, was du an dir ändern solltest. Du solltest nicht immer so schadenfroh sein, wenn ich oder jemand anders sich mal wehtut. Außerdem solltest du dich nicht so aggressiv verhalten und anfangen zu beißen, zu schlagen, zu kratzen und zu weinen, wenn ich dich vom Bus abhole. Denn das machst du bei Mama und Papa nicht so oft wie bei mir. Es macht mir ab und zu keinen Spaß mehr, dich abzuholen.

Nun kommen wir zu deinen guten Seiten. Seit kurzer Zeit gehst du ohne zu weinen ins Bett, und ich muss nicht mehr von oben nach unten kommen, um dich zu beruhigen. Ich finde es auch positiv, wenn bei Familienfeiern sich alle rührend um dich kümmern und sie dich akzeptieren und nicht abstoßen.

Bis dann! Dein lieber Bruder Stefan« (Stefan, 14 Jahre).

»Hallo Markus,

für mich ist es eine Einschränkung, einen behinderten Bruder zu haben. Es ist so komisch, denn alle lachen einen aus und erzählen Behindertenwitze und sagen spöttisch: ›Wer ist eigentlich behindert. Du oder dein Bruder?‹ Das ist natürlich nicht schön. Und das Blöde ist, dass ich fast mit keinem darüber reden kann, weil es keiner versteht. Meistens muss ich auch auf meine Mutter verzichten, weil sie zu sehr mit meinem Bruder beschäftigt ist. Das finde ich sehr blöd. Aber außer meiner Mutter ist niemand da, der einem dauernd sagt, was man tun oder lassen soll.

Und ich denke oft darüber nach, was es heißt, einen behinderten Bruder zu haben« (Markus, 12 Jahre, Brief an sich selbst).

## *Nach dem Tod eines Geschwisters*

»Lieber Thomas,

dies ist der erste Brief, den ich an dich schreibe, nachdem du gestorben bist (1 Jahr später, Anm. d. Ver.). Ich weiß aber nicht, ob dieser Brief je ein Ende finden wird. Ich versuche dir zu schreiben, was sich für mich seit deinem Tod verändert hat. Am meisten fehlt mir, dass es am Esstisch immer so still ist. Zwar ist Matthias, der Schreihals, noch da, aber der ersetzt dich noch lange nicht und wird es auch nie tun. Dein Platz am Tisch ist jetzt morgens und abends leer, außerdem ist die Stimmung oft betrübt.

Dein Lachen und dein Frohsinn fehlen am Tisch und auch oft auf der Matte. Aber nicht nur dein Lachen, sondern auch dein Weinen fehlt mir sehr. Ich weiß nicht, wie die anderen das empfinden. Aber ich wollte dir ja von mir schreiben. Seitdem du tot bist, bin ich übertags nicht mehr so oft im Wohnzimmer.

Ich frage mich oft, ob du auf deiner Matte nicht ziemlich abseits lagst. Aber ich mochte nichts sagen, weil ich wusste, dass ich nichts ändern würde, aber vielleicht hätte ich es trotzdem machen sollen, dir zuliebe. Jetzt wird es auch nichts mehr ändern, da du tot bist. Für mich hat sich auch meine Freizeit sehr verändert; ich habe viel mehr Freiraum als zu deiner Zeit. Das liegt daran, dass ich nicht mehr auf dich aufpassen muss, was ich, ich gebe es zu, nicht immer gern getan habe. Eigentlich war es komisch. Du warst 5 Jahre älter als ich, aber ich musste auf dich aufpassen. Im Grunde hätte es ja andersrum sein müssen, aber du konntest wegen deiner Behinderung eben nicht alleine bleiben, was ich auch nicht schlimm fand. Trotz deines Todes fahren wir auch weiterhin zu Tagungen. Hier kann ich mit Leuten reden, wenn es mir zu Hause zu bunt wird. Ich erinnere mich noch oft daran, wie es war, als du auch mitgefahren bist.

Manchmal liege ich abends im Bett und bin traurig, manchmal weine ich auch und überlege, warum es dich treffen musste, warum jetzt und so weiter. Ich überlege auch oft, warum ich dir nicht einfach erzählen kann, was ich erlebe, wie ich es früher getan habe oder es manchmal hätte machen wollen. Einiges würde ich dir so gern erzählen. Du könntest mir zwar nicht antworten, aber du würdest mich ziemlich gut verstehen.

Weihnachten war es auch sehr komisch. Wir saßen um den Tannenbaum und wussten nicht so recht, was wir machen sollten. Wir haben dann auch an dich gedacht, waren traurig, dass du nicht dabei sein konntest und haben auch geweint. Nach einiger Zeit haben wir dann doch noch gesungen und die Geschenke verteilt.

Deine Sachen gibt es größtenteils noch. Deine Matte mit deinem Spielsack liegt immer noch im Wohnzimmer. Mama macht jeden Morgen auf der Matte ihre Übungen. Alles wie früher.

Aber dein Bett steht nicht mehr. Matthias hat nach deinem Tod eine ganze Zeit lang in deinem Bett geschlafen. Jetzt ist Mama mit ihrem Arbeitszimmer in euer Zimmer gezogen, und Matthias ist nach oben gekommen. Dein Bett ist niedrig gesetzt und als Sofa in mein Zimmer gestellt worden. Deine Klamotten sind in Kisten verpackt, aber einige Sachen, die mir passen, trage ich schon. Ich werde auch andere Sachen noch von dir anziehen oder gebrauchen.

In Dänemark ging es eigentlich ganz gut. Auch dort habe ich oft an dich gedacht, aber nicht so oft, wie ich es sonst tue. An deinem Geburtstag waren Mama, Papa und Matthias an deinem Grab. Ich war einige Tage später da.

Ich hoffe, dass du diesen Brief verstehen würdest, aber ich glaube schon.

Viele Grüße! Deine Schwester Petra« (Petra, 13 Jahre).

»Vielleicht wisst ihr gar nicht, was ich mit Geschwisterkindern meine. Ich erkläre es mal. Also, ich meine hier nicht jeden, der eine Schwester oder einen Bruder hat, sondern ich meine diejenigen, die ein behindertes Geschwisterkind haben oder hatten! Genau wie ich eine behinderte Schwester hatte ... Ich bin dankbar, dass ich 14 ½ Jahre mit ihr leben durfte. Ohne sie hätte ich nie so schnell gelernt, dass behinderte Menschen gleichwertig sind! Ich habe auch gelernt, dass Halbgeschwister, Stiefgeschwister, Adoptivgeschwister und Pflegegeschwister genau so wichtig wie leibliche Geschwister sind! Ich bin stolz darauf, eine behinderte Schwester gehabt zu haben, und werde sie nie vergessen, genauso wie ich nie irgendein anderes behindertes Kind vergessen werde, was gestorben ist, während ich auf den Seminaren war.

Ein behindertes Kind ist etwas Besonderes, sowohl negativ als auch positiv, die ganze Familie muss ihr Leben je nach der Behinderung nach diesem Kind richten. Dabei können Geschwisterkinder auch mal zu kurz kommen! Für mich war das aber nie so schrecklich, wie es in manchen Büchern beschrieben wird. Ich denke als Schwester oder Bruder eines behinderten Kindes lernt man einfach mehr Rücksicht zu nehmen und steckt vieles schneller weg. Klar kann es auch mal vorkommen, dass man sauer ist, weil die eigenen Pläne wieder mal zerstört wurden, aber das ist eben genau so wie bei nicht behinderten Geschwistern, nur dass man eben öfter Rücksicht nehmen muss! Im Allgemeinen sind Geschwister behinderter Kinder, das denke ich zumindest, reifer, rücksichtsvoller und sozialer als andere Kinder. Das sind positive Seiten!

Ich bin jahrelang auf Seminare für Familien mit behinderten Kindern oder für Geschwister von behinderten Kindern gefahren. Es war immer sehr schön für mich. Es war nicht nur Spaß, sondern auch Arbeit. Es hat mich oft zum Nachdenken gebracht. Es gab viele schöne Erfahrungen, aber auch traurige Erlebnisse … Mir hat immer besonders gut gefallen, wie viel Respekt uns entgegengebracht wurde, von den anderen Geschwistern und von den Betreuern. Nie wurde jemand ausgelacht oder beschimpft! Ich fand es immer superschön, die Geschichten anderer Kinder zu hören. Oft habe ich mich darin wiedererkannt und wusste, dass ich mit meinen Problemen nicht alleine dastehe! Natürlich war ich auch begeistert, dass ich ein Stück selbst mitentscheiden durfte, zum Beispiel beim Morgensingen oder bei den Zubettgehzeiten. Auch wenn ich lange nicht mehr zu solchen Seminaren gefahren bin, werde ich die Zeiten nie vergessen und kann mich an sehr viele Dinge noch gut erinnern!

Behinderte Menschen schätze ich persönlich sehr. Sie geben sich mit kleinen Dingen zufrieden, freuen sich über kleine Dinge und wissen viele Sachen sehr zu schätzen, die wir als normal hinnehmen …« (Lina, 15 Jahre, auf ihrer Homepage).

## *Einsichten*

»Endlich war mein Bruder (2 Jahre älter, Anm. d. Ver.), der taub ist, baden gegangen! Nun konnte ich mich erst mal für eine halbe Stunde in mein Zimmer zurückziehen und hatte meine Ruhe. Dachte ich! Nach 5 Minuten hörte ich aus dem Bad ein blubberndes Dröhnen. Erst leise, aber mit der Zeit wurde es immer lauter, aufdringlicher und auch nerviger. Da dieses Blubbern in meinem Zimmer noch verstärkt wurde, kam dieses Geräusch in meinem Kopf schlagenden Presslufthämmern gleich. Auf dem Weg zum Bad überlegte ich mir, ob es richtig sei, ihn zum Aufhören zu bewegen. Ich dachte, dass dieses für mich so unangenehme Geräusch bei ihm vielleicht Wohlgefallen auslöste. Denn ich konnte mir gut vorstellen, dass er die Schwingungen im Wasser wahrnahm« (Robert, 15 Jahre).

»Früher kam mein Bruder jeden Samstag- und Sonntagmorgen in mein Zimmer. Er machte das Licht an und setzte sich vor meinen Schrank und spielte. Dabei machte er meistens eine riesige Unordnung und jede Menge kaputt. Es gab jede Menge Streit mit meinen Eltern, die mir sagten, ich solle das nicht so eng sehen, weil es sowieso bald vorbei sein würde. Sie hatten Recht. Heute finde ich es gut, denn mein Bruder wird nie mehr ins obere Stockwerk kommen, um mich zu wecken« (Peter, 15 Jahre).

## *Ehrlichkeit*

»Liebe Laura,

ich wollte dir einige Dinge sagen, die mir an dir gefallen und nicht gefallen. Ich finde es toll, wie gut du dich verständigst und dass du dir auch oft Zeichen ausdenkst, wenn es für die Sache keine gibt. Ich finde es zum Beispiel auch prima, wenn du zum Beispiel mit mir die Kaninchen fütterst oder Papa und Mama hilfst. Was mir noch Spaß macht, ist mit dir zu streiten, wenn du nicht gleich anfängst zu heulen. Was mir nicht gefällt, ist, dass du uns mit dem Essen erpresst und Mama oft ärgerst und Claudio immer auf den Kopf haust. Und an deiner Stelle würde ich nicht so oft den Bären in den Dreck schmeißen, weil du dann warten musst, bis er wieder gewaschen ist. Das wollte ich dir nur sagen. Dein Bruder Mario« (Mario, 12 Jahre).

## *»Aufgaben« von Geschwistern*

»In einer Rentierherde lebte eine Familie mit Mutter, Vater, Sohn und Tochter. Die Tochter konnte nicht richtig laufen und sprechen und war auch geistig behindert. Alle in der Herde wandten sich ab, wenn sie kam, nur ihre Familie hielt zu ihr. Als dann die Zeit der Herdenwanderung kam, wollte die Mutter ihr Kind nicht allein lassen. So entschlossen sie sich, mit der Tochter langsam hinterherzuziehen. Bald waren sie schon weit zurück, weil sie öfter Pause machen mussten, da die Tochter nicht so schnell und ausdauernd laufen konnte.

Es wurde kälter, und es fing an zu frieren. Sie hielten es kaum aus, und ihre Stimmung war schlecht, aber immer, wenn sich die Tochter blicken ließ und so freudig dreinschaute, hörten sie auf zu streiten. Sie liefen immer weiter, bald konnten sie nicht mehr, nur die Tochter war noch auf den Beinen. Sie sah die Eltern und den Sohn an und begann zu weinen. Da rappelte sich der Sohn auf, weil er es nicht mit ansehen konnte, und tröstete die Schwester. Nachdem sie still war, half er den Eltern auf die Beine, und sie wanderten weiter.

Und dann, irgendwann, fanden sie Nahrung und auch ihre Herde. Der Bulle sagte mit einem Blick auf die Tochter zum Vater: ›Dieses Vieh lebt ja immer noch, aber ich freue mich für dich, dass du es mit Frau und Sohn überlebt hast.‹ Der Vater antwortete schlicht: ›Ohne meine Tochter würden wir nicht mehr leben.‹ Und er ließ ihn stehen.« (Diese Parabel wurde von einem 13-jährigen Jungen auf einer Tagung für Geschwister geschrieben.)

## *Lebenssituation*

»Ich wurde am 15.09.1986 geboren. 2 Jahre später folgte mein Bruder Florian und wieder 2 Jahre darauf wurde Manuel geboren. Es war eine glückliche Zeit, wir alle freuten uns über das neue Geschwisterchen – es war ja auch nicht anders wie wir. Wie mit uns auch ging meine Mutter regelmäßig mit ihm zu den Untersuchungen. Doch der Arzt konnte nichts Besonderes feststellen und bat meine Mutter darum, Manuel zu Hause zu beobachten. Meine Mutter legte ihn auf den Bauch, schlich sich von hinten an und pfiff mit einer Trillerpfeife in sein Ohr. Aber anstatt zu erschrecken, reagierte er überhaupt nicht. Von da an hörte ich meine Mutter immer öfter davon reden, dass mein Bruder taub sei. Verwandte, Omas und Opas beschwichtigten sie und zeigten anhand ihrer Hörtests, dass Manuel doch ganz normal sei. Aber sie ließ sich nicht beirren, und schließlich wurden ihre Befürchtungen von der Uniklinik bestätigt.

Nun ging alles Schlag auf Schlag. Innerhalb kurzer Zeit hatte Manuel ein Hörgerät. Mein Vater wollte die Behinderung absolut nicht wahrhaben und lehnte jeglichen Kontakt zu der Frühförderstelle ab. Mein Bruder und ich waren wohl zu klein, um das Ganze richtig zu verstehen. Ich dachte immer, das wäre nur vorübergehend ...

Das Leben geht weiter. Bis zum Alter von 7 Jahren begleiteten Florian und ich Manuel regelmäßig zum Therapieturnen für Gehörlose. Ich erinnere mich gut an diese Zeit – ich weiß nicht mehr genau, wie oft er unsere Scheune unter Wasser gesetzt hat, er meine Mutter ausgesperrt, Batterien verschluckt und meine Mutter zum Weinen gebracht hat. Als Manuel 2 Jahre alt war, bekam ich noch einen Bruder – Julian. Auch weiß ich nicht, wie viele Tage wir damit verbracht haben, Hörgeräte zu suchen. Denn das war seine größte Leidenschaft – diese unauffindbar zu verstecken. Auch andere Störungen wie keinerlei Schmerzempfinden, Gleichgewichtsstörungen und Konzentrationsstörungen und Wahrnehmungsstörungen fielen uns nach und nach auf. Das Nervigste daran war, dass er sich selbst nicht hörte und dadurch extrem laut war. Noch hatten wir keine richtige Möglichkeit, uns mit ihm zu verständigen – was ihn oft sehr wütend machte. Doch die Lösung kam – Gebärdensprache. Mit Hilfe dieser Zeichen ging doch einiges leichter. In dieser schwierigen Zeit nahmen auch noch die Streitereien meiner Eltern zu. Als Manuel 8 Jahre war, trennten sie sich. Und doch ist er mein Bruder.

Ich denke, dass Manuel sehr intelligent ist – er weiß mittlerweile genau, dass wenn er lang genug schreit oder sein Hörgerät pfeifen lässt, er irgendwann bekommt, was er will. Auch seine Essgewohnheiten und die nervlichen Belastungen waren wohl der Grund, dass er nach der Schule noch in eine Betreuung geht und erst um 17 Uhr nach Hause kommt. Was auch auf die Nerven geht, ist seine furchtbar penetrante Art, denn was er sich in den Kopf gesetzt hat, führt er auch aus. Das ist bestimmt auch einer der Gründe, warum wir wegen ihm doch einiges zurückstecken müssen.

Ich bin nicht behindert. Ich glaube, die erste richtige Erfahrung des Andersseins hat er auf einem Seminar gemacht: Die Geschwisterkinder und die behinderten Kinder wurden in zwei Gruppen geteilt. Ja – und da wurde ihm wohl beim Anblick der Rollstuhlfahrer bewusst: Ich bin anders. Er weinte und tat mir leid. Er wehrt sich massiv dagegen, behindert zu sein, er sei doch ganz normal, er sei gesund. Er hat noch nie die Erfahrung von Ablehnung gemacht. Er wird überall angenommen, wie er ist.

Für mich bedeutet ein Geschwisterseminar ein Platz, an dem ich feststelle, dass es vielen so geht wie mir. Dort werden mir Fragen beantwortet, die ich allein nicht beantworten könnte. Man hat das Gefühl einer wunderbaren Gemeinschaft – und so etwas ist für jeden wichtig, ob er nun behindert ist oder nicht« (Christina, 14 Jahre).

## *Ängste*

»Hallo Katrin,

kannst du dich noch an die Zeit erinnern, als du immer über deinen Bruder nachgedacht und oft mit dem Gedanken gespielt hast, dass er irgendwann ganz doll krank werden und sterben könnte? Um mit deiner Angst fertig zu werden, hast du dir immer eingeredet, dass uns so etwas nie passieren könnte. Als er dann eine ganz starke Lungenentzündung hatte, hast du wieder zurückgedacht. Da hast du dich ganz schön dumm gefühlt und jeden Abend für deinen Bruder gebetet. Am Ende des Gebetes hast du immer gesagt: ›Jetzt weiß ich, dass uns solche schlimme Sachen auch passieren können, nicht nur den anderen.‹ Dann, nach eineinhalb Monaten war dein Bruder wieder gesund. Tschüss, deine Katrin (dein Ich)« (Katrin, 11 Jahre).

## *Wenn ich den Ton angeben könnte*

In einem Seminar stellten wir den Kindern die Aufgabe, ihre Familie als Musikinstrumente darzustellen:

»Ich, die Harfe, sage jetzt den Ton an:

Die Oboe muss sich jetzt zurückhalten, dass sogar die stille Geige sie ohne Mühe überstimmen kann. Die Geige muss sowieso mal ihre Meinung sagen und nicht immer nur nachplappern, und *alle* müssen sie ausreden lassen. Niemand darf ihr ins Wort fallen. Auch das Akkordeon muss dann warten, bis die Geige ausgesprochen hat – eventuell sogar noch länger. Die Geige muss versuchen ruhig zu bleiben und das Gequatsche, das die Oboe dazugibt, einfach überhören – oder zurückstreichen. (Am besten schön laut und hoch.) Der Kontrabass kann auch mal seine Meinung dazugeben und seine blöden Sprüche in eine wunderschöne Melodie verwandeln. Er kann auch gerne eine schöne Begleitung spielen oder singen. Er muss aber darauf achten, beim Thema zu bleiben und die zickige Oboe nicht zu reizen.

Ich, die Harfe, werde eine Melodie spielen, wie sie noch nie jemand gehört hat. Ich werde mir die Melodie selbst ausdenken und von jedem etwas hineintun:

- Von der Geige, dass sie immer gleich ausrastet und häufig sogar ohne großen Grund, aber immer mit dem Hintergedanken, mir die Schuld zu geben.
- Das Akkordeon, das immer im Mittelpunkt stehen muss und manchmal etwas übertreibt.
- Meinem Vater, der als Kontrabass nicht sehr nützlich ist, sondern, was die Musik betrifft, eher ein Sänger ist.
- Die Oboe wird ein Solo in pp bekommen, während alle anderen die Begleitung in f spielen, damit sie merkt, dass sie sich zurückhalten sollte und sich nicht immer überall einmischen muss
- Ich werde mir ein Solo geben, das ganz ruhig ist, aber sehr bestimmt.

Ich werde meine eigene Meinung einbringen und zwischendurch sehr laut werden« (Theresa, 12 Jahre; mittleres von drei Kindern, das älteste Kind ist behindert).

*Wenn ich in meiner Familie den Ton angeben könnte*

»Ich gebe den Ton an!!! Ich als E-Gitarre gebe den Ton an. Ich sage meiner Mutter (der Harfe), dass sie sich nicht immer aufregen muss, wenn ich zu viel Wäsche verbrauche. Und meinem Vater (Kontrabass), dass er ein bisschen mehr erlaubt. Und meinem Bruder (E-Gitarre), dass er mitten in der Nacht nicht anfängt zu heulen, weil das meine Mutter stört und sie dann nicht mehr einschlafen kann und sie am nächsten Morgen nicht richtig geschlafen hat« (David, 10 Jahre; jüngstes von zwei Kindern, der ältere Bruder ist behindert).

»Ich als Geige gebe den Ton an!! Ob ich dazu imstande bin? Ja, schon möglich. Ja, ich schaffe das ganz sicher. Ich schaffe eine Tuba anzuführen und zwei Geigen dazu und dann noch eine Posaune und ein Schlagzeug« (Sabrina, 6 Jahre; jüngstes von drei Kindern, das mittlere ist Kind behindert).

### *Familienorchester*

| | |
|---|---|
| Papa: | Tuba (weil Papa sich gut durchsetzen kann) |
| Mama: | Klavier (weil man zusammen spielen kann) |
| Lisa: | Gitarre (weil ich bald Gitarre lerne) |
| Fabian: | Flöte (weil er quietscht) |

Wenn ich als Gitarre den Ton angeben würde, sollte die Flöte alles nachspielen und dann mit dazu spielen. Das Klavier sollte etwas leiser spielen, denn es ist sonst sehr laut. Die Tuba sollte leiser werden. Das Zusammenspiel soll schön klingen. Ich würde so lange üben, bis es ziemlich alle können. Die Flöte soll uns nicht dabei stören« (Lisa, 7 Jahre; ältestes von zwei Kindern).

| | |
|---|---|
| Papa: | Kontrabass |
| Mama: | Harfe |
| Leana: | Trompete, Blashorn |
| Paul: | Klavier |

Papa ist ein Kontrabass. Ich bin ein Blashorn. Mama ist eine Harfe, und Paul ist ein Klavier. Ich als Horn bin lauter als alle anderen. Die anderen müssen dann ganz leise spielen. Der Kontrabass soll halb laut und halb leise spielen, und die Harfe ist sehr leise. Das Klavier klingt dunkel. Wenn wir alle zusammen spielen, klingt das komisch, weil alle durcheinander spielen« (Leana, 7 Jahre; ältestes von zwei Kindern).

| | |
|---|---|
| Papa: | Kontrabass (hört man am meisten) |
| Mama: | Keyboard (nicht zu laut, nicht zu leise) |
| Nicole: | Flügel (weil sie Klavier spielt) |
| André: | Schlagzeug (weil er gern laut ist) |
| Nina: | Gitarrc (weil ich Gitarre spielen wollte) |

Wenn ich als Gitarre in unserer Familie den Ton angeben würde, dann sollte das Schlagzeug leiser spielen. Und der Flügel sollte lauter spielen. Das Keyboard sollte wieder leiser werden. Der Kontrabass und die Gitarre sollten sehr laut spielen. Alle sollen auf meinen Ton hören. Wir würden 4 Stücke üben, bis ich zufrieden bin« (Nina, 10 Jahre; jüngstes von drei Kindern, das mittlere Kind ist behindert).

| | |
|---|---|
| Niklas: | Verbogene Klarinette |
| Ute: | Oboe |
| Andrea: | Gesang |
| Johanna: | Viola |
| Bernhard: | Horn |

Ich als »verbogene Klarinette« gebe den Ton an. Es geschah so: Als ich noch jung und unerfahren war, wurde ich in Giora Feidmanns Dienste gestellt. Doch ich wollte nicht (immer solchen »Menschen« unterwürfig sein), dass man immer Luft durch mich pumpte – durch die Ohren rein und an den Zehenspitzen raus –, und so sprang ich ihm mitten in einem Konzert aus der Hand und lag da: verbogen und unspielbar. Nun hatte ich mein Ziel erreicht: Ich wurde weggeschmissen in den »Instrumentenmüll«. Dort lernte ich auch meine Familie kennen.

Meine Mutter, die wir immer »Viola« nannten, hatte das gleiche Glück wie ich, sie ist auch irgendeinem sonst wie berühmten Genie aus der Hand gefallen und hat sich ihren Hals gebrochen. Die ersten Wochen lebten wir zu zweit zusammen, und später kam auch mein Vater, das »Horn«, dazu sowie meine beiden Schwestern »Gesang« und

»Oboe«. Wir lebten so zusammen mehrere Jahre im »Instrumentenmüll«, bis wir uns einen kleinen Proberaum kauften, wo wir noch viele Freunde kennen lernten« (Niklas, 12 Jahre; mittleres von drei Kindern).

| | |
|---|---|
| Helene: | Querflöte |
| Vater: | Alt-Flöte |
| Mutter: | Klarinette |
| Daniel: | bunte Plastik-Flöte vom Freimarkt |

Ich fange an ein Stück zu spielen. Plötzlich zerreißt ein schriller Ton meine Melodie. Er kam von der Tröte, die nun schon wieder loslegt, ein unrhythmisches, stürmisches Gedudel zu machen. Ich werde sauer und spiele den höchsten und lautesten Ton, den ich kann. »Aus meinen Ohren«, schreit die Tröte und hört auf mich zu ärgern. »Hört auf euch zu streiten«, ertönt die Stimme der Klarinette. »Wer macht hier so einen Lärm?« sagt die Alt-Flöte. Doch meine Eltern verzaubere ich ganz einfach mit meiner Melodie. Sie setzen sich aufs Sofa und hören mir zu. (Jetzt kann ich endlich in Ruhe spielen.)

Die Alt-Flöte seufzt: »Du kannst so wunderbare, klare, helle Töne spielen!« Sie bewundert mich ein bisschen, da sie eigentlich auch gerne eine Querflöte wäre so wie ich. Die Klarinette hört mir gespannt zu und fängt dann an ein Buch zu lesen« (Helene, 12 Jahre; jüngstes von zwei Kindern).

| | |
|---|---|
| Simon: | Schlagzeug, weil es laut ist |
| Mama: | Klavier, mal laut, mal leise |
| Gloria: | Blockflöte, leise zurückhaltend |
| Papa: | E-Gitarre, laut |

Wie würden die Instrumente spielen, wenn ich bestimmen kann? Mama müsste mittelleise spielen. Gloria soll ganz leise spielen. Ich spiele mittelmäßig. Und Papa spielt laut« (Simon, 10 Jahre; ältestes von zwei Kindern).

# 6. *Warum habe gerade ich eine behinderte Schwester?*

## *Kinder und Jugendliche auf der Suche nach Antworten*

Auf die Suche nach einer Antwort auf das »Warum« begeben sich alle Menschen in unterschiedlichen Phasen und Situationen ihres Lebens. Manche Fragen kommen immer wieder. Geschwister von Kindern mit Behinderungen stellen aufgrund ihrer Lebenssituation viele »Warum-Fragen« und »Sinnfragen« schon in einem Alter, das von Erwachsenen als zu früh für »solche Fragen« bewertet wird: Warum ist meine Schwester behindert? Warum habe ich einen behinderten Bruder? Warum hat es mein Bruder so schwer?

Die Frage »Warum gerade ich?« wird von Eltern und Kindern gestellt. Ein Austausch darüber findet zwischen ihnen meistens nicht statt. Diese Frage lässt sich nicht beantworten, und doch ist sie da. Manchmal nimmt sie viel Raum ein, manchmal weniger. Sie wird verdrängt. Der Alltag muss bewältigt werden. Dennoch: Es ist wichtig, dass diese Fragen gehört und beantwortet werden. So auch die Frage eines 6-jährigen Jungen:

***»Wer hat denn die behinderten Menschen gemacht?<br>Der liebe Gott oder der Teufel?<br>Und ist der liebe Gott lieb,<br>wenn er behinderte Menschen macht?«***

Diese Frage stellte er kurz vor Ende eines Geschwisterseminars. Aus zeitlichen Gründen konnten wir nicht mehr darauf eingehen. Deshalb vereinbarten wir mit den Kindern, diese Frage verschiedenen Menschen zu stellen und ihre Antworten an die Kinder weiterzuleiten.

*Meine Schwester ist behindert – warum?*

Wichtig, vielleicht sogar entscheidend ist die Erfahrung, dass eine solche Frage gestellt werden darf, dass es nicht verboten ist, sie zu stellen, dass es kein Tabu gibt, so zu fragen. – Einige Menschen, deren Antworten wir im Folgenden wiedergeben, haben sich der Frage gestellt, ob Gott oder der Teufel die behinderten Kinder gemacht habe.

*»Liebe Kinder,*

*ich bewundere euch. Ihr macht euch Gedanken, die sich viele Menschen nicht machen, und ihr stellt Fragen, auf die andere so schnell nicht kommen. Eure Fragen sind wie Spitzhacken, mit denen ihr das Eis eines zugefrorenen Sees aufschlagt, um an das Wasser darunter zu kommen, Wasser ist wichtig. Wir brauchen es zum Leben. Euer*

*Wunsch zu wissen, ob ein »lieber Gott« behinderte Kinder machen kann, und wenn ja, ob er dann noch lieb ist, dieser Wunsch ist wie das Schlagen in die Eisdecke, um an das Wasser zu kommen. Wie seid ihr auf die Idee gekommen, so zu fragen? Wer hat euch die Spitzhacke in die Hand gegeben? Das war eure behinderte Schwester, euer behinderter Bruder. Die Fragen, die ihr stellt, sind sehr wichtig, und die Antworten, die ihr darauf bekommt, können euch sehr weit bringen. Wir Menschen sagen: Sie können euch »weise« machen. Man muss nicht alt und grau sein, um weise zu sein. Man kann es schon in sehr jungen Jahren werden, auch schon als Kind.*

*Prüft die Antworten, die man euch gibt, sehr genau. Achtet vor allem darauf, dass das, was ihr so gesagt bekommt, die Liebe zu eurer Schwester oder zu eurem Bruder größer und stärker macht. Und lasst euch nichts einreden, wenn ihr dazu selbst nicht »JA« sagen könnt – auch nicht von mir. Aber eines möchte ich euch doch sagen: dass ihr so wichtige Fragen stellen könnt, das verdankt ihr eurer Schwester, eurem Bruder. Behinderte Menschen sind sehr wertvolle Menschen. Sie lassen uns vieles lernen, was wir sonst nie lernen würden.*

*Und der liebe Gott? Wie kann es sein, dass er behinderte Kinder gemacht hat, dass er sie will! Und wenn er sie will – mit all dem, was uns so wehtut –, wie kann er dann ein lieber Gott sein? Ist er dann nicht eher ein »böser« Gott, wenn er so viel Schmerzen will. Aber vielleicht will er diese Schmerzen ja gar nicht! Wir stellen uns Gott immer so furchtbar allmächtig vor, als hätte er alles im Griff, als müsse alles funktionieren, wie er es will. Aber wer will denn eigentlich, dass alles glatt läuft – ist das wirklich Gott oder sind das nicht vielmehr wir Menschen? Was ich gut finde, findet mein Freund vielleicht gar nicht gut. Was für einen anderen Menschen ganz selbstverständlich ist, ist für mich vielleicht unbegreiflich. Ist es ähnlich mit Gott und den behinderten Kindern? Wir wissen nicht, wieso Gott sie so gemacht hat, und wir können es nicht wissen, weil wir ihm nicht »in die Karten schauen« können.*

*Aber ich bin gewiss, dass einer die behinderten Kinder nicht gemacht hat: der Teufel.*

*Der kann nämlich nur dann etwas machen, wenn wir ihn machen lassen. Ohne unser Einverständnis ist der Teufel ein ziemlich lahmer Gaul, der eigentlich nichts vermag. Nur wenn wir ihn lassen, dann kann er überhaupt etwas tun. Je mehr wir ihn missachten und so tun, als gäbe es ihn gar nicht, umso weniger gibt es ihn tatsächlich. Und so ein Nichtskönner soll irgendetwas erschaffen können? Niemals!*

*Ich habe geschrieben, dass wir uns Gott immer so allmächtig vorstellen. Und wir denken: Als allmächtiger Gott müsste er dann auch irgendwie eingreifen, wenn irgendetwas nicht in Ordnung ist, nicht funktioniert. Und wir fragen: Wie kann er dann noch lieb sein, wenn der allmächtige Gott zulässt, dass ein Mensch behindert ist? Irgendwie beißt sich das mit dem lieben und allmächtigen Gott. Und weil wir meinen, wir dürften den allmächtigen Gott auf gar keinen Fall infrage stellen, so stellen wir infrage, dass Gott lieb ist. Aber wenn ich vor der Wahl stehe, an einen Gott zu glauben, der alle liebt, oder an einen Gott, der alles kann, und ich darf mich nur für eins von beiden entscheiden, dann entscheide ich mich lieber für einen Gott, der alle liebt, auch wenn er dann nicht mehr ein »Supergott« ist, der alles im Griff hat. In Jesus hat Gott alle Macht aus der Hand gelegt, er ist ganz ohne Macht »ohnmächtig« geworden. Warum? Um uns seine Liebe zu zeigen. Liebe ist wichtiger als alles andere, auch wichtiger, als gesund oder mächtig oder reich oder berühmt oder sonst was zu sein.*

*Darf ich noch einen Gedanken schreiben? Für mich ist es der wichtigste, aber ich kann nicht erwarten, irgendjemanden von diesem Gedanken zu überzeugen. Mein lieber Sohn Matthias ist vor 5 Jahren gestorben. Er war lange krank und bekam immer mehr Behinderungen.*

*Für mich war nie die Frage, ob Gott die Krankheit von Matthias wollte. Sondern ich stellte mir die Frage, ob er mir in diesem kranken Kind, das mein Sohn war, begegnen wollte. Diese Frage habe ich sehr bald mit »ja« beantwortet. Ich bin der festen Überzeugung, dass Gott uns in den Menschen, besonders in den kranken und leidenden Menschen, begegnen will. In dem Zusammenleben mit Matthias hat Gott mir sein Angesicht zugewandt – es ist das Angesicht eines Menschen –, und er hat mich durch meinen Sohn, der nicht einmal sprechen konnte, gefragt: »Ernst Schneck – was für ein Mensch bist du?« So schwer und so schlimm alles war, so viele Tränen es auch gekostet hat: Ich bin Gott für diese Begegnung unheimlich dankbar!*

*Liebe Kinder, vielleicht war meine Sprache doch ein bisschen schwer. Aber wie ich anfangs schrieb, habt ihr mir auch eine der schwersten Fragen gestellt, die man stellen kann. Und wenn ihr auch nicht sofort die richtigen Antworten bekommt – fragt in eurem Leben immer weiter.*

*Viele Grüße, Ernst Schneck.«*

Diesen Brief schrieb der Vater eines Kindes mit einer Krankheit, die zu mehreren Behinderungen und dem frühen Tod des Kindes führte. Mit diesem Schicksal nehmen ihn die Geschwister ernst, weil er weiß, wovon er spricht und schreibt. Was versucht er zu vermitteln? Folgende Punkte sind ihm besonders wichtig:

- Nur weil ihr diese Geschwister habt, könnt ihr diese Fragen stellen.
- Überprüft die Antworten genau. Passen sie zu euch? Setzt euch kritisch damit auseinander.
- Fragt weiter.

Er macht den Kindern kein schlechtes Gewissen, dass sie in dieser Form gefragt haben. Er versichert ihnen, dass diese Frage ihre Liebe zu den Geschwistern nicht schmälert. Er fordert die Kinder auf, sich mit Krankheit und Tod auseinander zu setzen.

Er schreibt als Mensch, der seine Kraft aus dem Glauben nimmt. Dieser prägt seine Haltung und sein Menschenbild. Kinder und Jugendliche, die diesen Brief bekamen, mussten sich mit Fragen des Glaubens und des damit verbundenen Menschenbildes beschäftigen. Welche weiteren Fragen sind bei den Kindern und Jugendlichen entstanden?

- Warum muss ein anderer Mensch leiden, damit ich mir begegnen kann, an der Begegnung wachse?

- Kann ich froh sein, dass es meine Schwester getroffen hat und nicht mich?
- Ist es schlimm, so zu denken?
- Würde ich lieber auf die Besonderheit meines Bruders verzichten und hätte diese Fragen nicht?
- Warum stehe ich mit diesen Fragen so allein da?

Auch Kinder- und Jugendbuchautoren wurde die Frage vorgelegt. Hier ihre Antworten:

*»Liebe Kinder,*

*an der Frage, die ihr stellt, haben sich die klügsten Köpfe die Zähne ausgebissen! Ich kann sie ganz gewiss nicht beantworten, ich kann euch nur meine unfertigen Gedanken dazu schreiben, und ich weiß nur allzu gut, dass sie keine richtige Antwort darstellen.*

*Wir wissen ja so schrecklich wenig über Gott. Unser Verstand stößt schon an seine Grenzen – und das tut oft sehr weh –, wenn wir über die Menschen nachdenken. Mit unserem Verstand irgendwo in die Nähe Gottes zu kommen, das ist ein verrücktes Unterfangen. Ein großer Mann hat es damit verglichen, mit einem löchrigen Löffel das Meer ausschöpfen zu wollen.*

*Vielleicht liegt das große Problem darin, dass die Schöpfung im Großen wie im Kleinen lebendig ist, dass die Berge sich verändern, wenn auch in ganz anderen Zeiträumen, dass die Pflanzen, die Tiere, die Menschen sich verändern, und jede winzige Zelle auch.*

*Diese Veränderungen können sehr viele verschiedene Gestalten annehmen, manche, die sich als günstig erweisen, werden dann weitervererbt, manche wieder aufgegeben, so wie wir einen Zettel zerknüllen, wenn uns die Zeichnung oder der Satz nicht gefällt. In dieser Veränderung liegt die ganze Schönheit und Großartigkeit der Schöpfung, auch die Würde und die Traurigkeit. Wenn alles unveränderlich bliebe, gäbe es auch keinen freien Willen.*

*Vielleicht hat Gott seine Geschöpfe überschätzt, als er uns diesen freien Willen gab, als Geschenk, als Verantwortung, als Drohung …*

*Ich bin überzeugt, dass die behinderten Kinder eine ganz wichtige Rolle für andere spielen, dass wir von ihnen Dinge lernen können, die uns sonst für immer und ewig verborgen bleiben müssten. Als Wichtigstes: Dass das Sein den Menschen ausmacht, nicht eine nach irgendwelchen »praktischen« Regeln gemessene Leistung. Die Leistung der Schwächsten besteht vielleicht auch darin, uns zu lehren, was Liebe bedeutet. Das müssen wir lernen, wenn wir leben wollen, und auch, wenn wir gut sterben wollen. Und da wir ohnehin alle sterben müssen, ist es wohl entscheidend, diesen letzten Weg gut zu gehen.*

*Ich bin ganz überzeugt, dass eine Welt, in der es keine behinderten Menschen gibt, eine tote Welt sein müsste. Und ein lieber Gott kann doch keine tote Welt schaffen, oder? Nicht, wenn er die Welt und die Menschen darin als seine Partner geschaffen hat, weil die Wüste und Leere, von der es in der Bibel heißt, ihn einsamer gemacht haben, als wir es uns je vorstellen.*

*Die Parsen – das ist eine sehr alte Religion, viel älter als unsere, die in Persien entstand und der mein Mann angehört – sagen, dass Gott und der Teufel gleich stark sind und dass Gott die Menschen als Verbündete braucht, um dem Guten zum Sieg zu verhelfen. Wenn man davon ausgeht, sind wahrscheinlich die behinderten Menschen Gottes wichtigste Verbündete, weil sie, so schwer sie es selbst haben, so schwer das Leben für ihre Nächsten sein kann, dem Guten den Weg öffnen.*

*Seid mir nicht böse, bitte, dass ich eure große und wichtige Frage unbeantwortet lassen muss. Ich glaube eigentlich, dass die ganz großen Fragen immer ohne Antwort bleiben und dass es gerade deswegen wichtig und entscheidend ist, sie immer wieder zu stellen. Ich wünsche euch und uns allen, dass ihr nie aufhört, gerade die Fragen zu stellen, auf die es keine Antwort gibt, ich denke, dass so die Welt lebendig bleibt.*

*Mit vielen guten Wünschen an jede und jeden von euch und einem herzlichen Gruß,*

*Renate Welsh.«*

*»Wer hat die behinderten Menschen geschaffen, der liebe Gott oder der Teufel? Und ist der liebe Gott lieb, wenn er behinderte Menschen schafft?«*

*Ich denke und glaube es so: Uns alle hat Gott geschaffen, so wie wir sind, dick oder dünn, behindert oder weniger behindert, schwach oder stark, heterosexuell oder schwul, egozentrisch oder mehr altruistisch, hell oder dunkel, Mann oder Frau … Der Teufel hat mit dem allen nichts zu tun.*

*Wenn wir – deshalb sind wir nun einmal Menschen – Defizite haben (und die hat jeder von uns), hat uns Gott dafür anderes geschenkt, was andere Menschen vielleicht nicht so haben, um das sie uns vielleicht sogar beneiden. Nur gibt es bestimmt auffällige Behinderungen, die dem einzelnen das Leben sehr schwer machen, ihm und seinen nächsten Bezugspersonen nicht nur das Zusammenleben schwer machen, sondern oft kaum zu überwindende Schwierigkeiten bereiten. Das lässt uns verzweifeln. Aber Freude, Lust, Lachen und Geborgensein gehören ebenso zu unserem von Gott gegebenen Leben wie Angst, Not, Verzweiflung und Schmerzen.*

*Fazit: Die behinderten Kinder sind wie alle anderen Gottes Kinder. Er hat sie gemacht. Und er hat sie lieb. Vielleicht noch lieber als die, die es in ihrem Leben leichter haben. Sicher weint Gott mit den Kindern und ihren Angehörigen.*

*Und wie ist das mit dem Teufel? Keine Person! Auch das Teuflische liegt in uns. Nicht personifiziert, aber doch in seiner abgrundtiefen Schlechtigkeit erkennbar. Der Dealer, der Verführer, der Kinder, Jugendliche zur Abhängigkeit von Drogen und anderem bringt, um sich am schrecklichen Schicksal anderer dann zu bereichern. Skrupellos … ist das nicht teuflisch?*

*Auch Wegschauen ist schlimm. Sich verschließen vor der Not anderer … In der Menschenunwürdigkeit, in der Korruption, dem staatlichen Machtapparat mit seinem unmenschlichen Bürokratismus, in der Machtbesessenheit … darin sehe ich das Teuflische, gegen das Gott in dieser Welt immer ankämpfen muss. Er hat es nicht gemacht. Aber es ist da.*

*Vielleicht wachsen Menschen später einmal Flügel. Vielleicht brauchen Engel auch gar keine. Aber behinderte Kinder haben die besten Chancen, weil Gott sie niemals verloren gibt. Sie hat Jesus gemeint, wenn er davon gesprochen hat, wer einmal ganz nahe bei Gott sein wird. Aber wir haben die Interpretation dieser Botschaft für unser Jahrhundert, die uns Antoine de Saint Exupéry in seinem kleinen Prinzen geschenkt hat, bis heut noch nicht richtig begriffen. Seine Aussage ist eben nicht nur ganz große Dichtung … sondern ganz direkte Hilfe zur eigenen Lebenssicht.*

*Sagen Sie dem Jungen, dass ich fest davon überzeugt bin, dass Gott behinderte Menschen geschaffen hat. Vielleicht sind sie wichtige und unverzichtbare von Gott in die Welt geschickte Menschen, um uns selbst zu zeigen, was wir tun können und sollen, um Menschen zu werden, an denen Gott seine Freude hat.*

*Rolf Krenzer.«*

*»… Du fragst, was ich antworten würde, wenn mich ein Kind fragt, wer die behinderten Kinder gemacht hat? Gott oder Teufel?*

*Im Augenblick sage ich: Zum Menschsein gehört, dass nicht alle Menschen so perfekt sind und »funktionieren«, wie man sich das vielleicht vorstellt. Die Behinderten tun das zum Beispiel auf unterschiedliche Weise nicht und sind nicht so perfekt, nicht so genormt. Da das aber alles zum Menschsein gehört, ist es Teil des Lebens, der Schöpfung« (aus einem Brief von Achim Bröger).*

*»Wie soll ich die Frage beantworten?*

*Zunächst impliziert sie, dass man an einen Gott glaubt – und schon da bin ich mir nicht so sicher. Aber nehmen wir an, es gäbe ihn. Dann fallen doch Erklärungen schwer. Weil jede Erklärung, die wir aus menschlichem Verständnis geben, immer ein Element von Bosheit implizieren würde – und genau das soll ja nicht sein. Bleibt nur zu vermuten, dass es Erklärungen gibt, die sich dem menschlichen Verständnis verschließen. So dass ich keine Erklärung weiß« (aus einem Brief von Kirsten Boie).*

Die unterschiedlichen Antworten verlangen von den Kindern und Jugendlichen differenzierte Auseinandersetzungen:

- Kann ich eine Aussage ohne Antwort akzeptieren?
- Passt diese Antwort in mein Weltbild?
- Ist sie in der hier vorliegenden Form ausreichend und befriedigend?
- Kann ich sie teilweise akzeptieren?
- Lehne ich sie ab?
- Fordert sie mich zu weiteren Fragen heraus?
- Kann ich die Antwort aus der Haltung, der Biografie, den Lebensumständen des Menschen, der sie mir gegeben hat, nachvollziehen, auch wenn sie für mich in dieser Form nicht annehmbar ist?

Wir haben in den Seminaren immer wieder besprochen, wie man mit Briefen umgehen kann:

- Briefe muss man nicht gleich lesen. Man kann selbst den Zeitpunkt bestimmen.
- Briefe kann man immer wieder lesen.
- Briefe kann man nur in Teilen lesen.
- Briefe kann man sich vorlesen lassen.
- Wenn etwas in einem Brief geschrieben steht, das man nicht versteht, kann man nachfragen.
- Ein Brief kann weitere Briefe zur Folge haben.
- Die schriftliche Form macht die eigene Auseinandersetzung nachvollziehbar.

Manche Kinder stellen in unseren Seminaren Fragen so, dass wir Zeit brauchen, um eine Antwort zu formulieren, die zu weiteren Auseinandersetzungen anregen kann. Wir bereiten die Kinder darauf vor, dass die Antwort in Briefform sein wird und sie unterschiedliche Möglichkeiten haben, damit umzugehen. Das ist vor allem für jüngere Kinder notwendig, um sie nicht zu überfordern. Wird der Brief von einem Erwachsenen, den das Kind ins Vertrauen zieht, vorgelesen, ergibt sich zusätzlich die Möglichkeit, miteinander über den Brief zu sprechen, Gedanken auszutauschen, weiter zu denken.

## *»Warum gibt es behinderte Menschen? Ohne sie wäre die Welt doch viel schöner!«*

*»Lieber Felix,*

*du hast eine schwere Frage gestellt. Und mein Versuch einer Antwort kann leicht missverstanden werden. Manche Menschen würden mir sagen, ich hätte deine Frage korrigieren sollen, da sie, so formuliert, als Aussage gegen Menschen mit Behinderung gedeutet werden könnte. Und damit muss man in der heutigen Gesellschaft sehr vorsichtig sein, das weißt du schon selbst.*

*Ich weiß, dass sie das nicht ist. Und warum sollst du sie so nicht stellen dürfen? Du hast einen behinderten Bruder, von dem du weißt, dass er sehr krank ist und möglicherweise nur noch einige Jahre leben wird. Dabei wird seine Behinderung dann immer schwerer. Seine Pflege braucht viel Zeit, und du weißt, dass deine Eltern alles tun werden, damit Tim seine Lebenszeit so gut wie möglich erleben kann. Du hast dir vorgenommen, dazu beizutragen.*

*Tim ist 3 Jahre älter als du, für dich mit deinen 7 Jahren erscheint er viel jünger. Er kann so vieles nicht, was ein großer Bruder doch können sollte. Er kann dich nicht beschützen, wie es die großen Brüder deiner Freunde tun. Im Gegenteil: Du beschützt ihn, du bist sein kleiner großer Bruder.*

*Du weißt nur aus den Erzählungen der Eltern, dass Tim alles einmal konnte, was du kannst: laufen, springen, rennen, sprechen, spielen, die Eisenbahn aufbauen, Blödsinn machen. Du warst damals zu klein, um dich daran zu erinnern. Und du kannst es dir kaum vorstellen, dass derselbe Junge, der jetzt Windeln trägt, nicht mehr reden kann, sein Essen durch eine Magensonde bekommt und in allem versorgt werden muss, auch auf Bäume geklettert ist! Wie kannst du ihn beschützen? Du fragst dich das.*

*Allein auf ihn aufpassen darfst du nur ganz kurz, die Verantwortung ist für dich zu groß, wenn Tim Krämpfe bekommt, sagen dir die*

*Eltern. Mama ist immer so umsichtig mit Tim, was dir nicht immer so gelingt. Du spielst manchmal um ihn herum, da fallen auch mal Sachen auf ihn. Deine Eltern erwarten von dir, dass du verstehst, dass sie sich so viele Gedanken um Tim machen, seine Gesundheit, seine Pflege. Sie achten in diesen Dingen auch auf dich. Aber du weißt, dass du auf keinen Fall eifersüchtig sein sollst. Du sollst aushalten, dass sie von dir verlangen, dass du manche Dinge schon allein können musst, wo du dir gern helfen lassen möchtest, du sollst schnell lernen, Dinge selbständig zu tun. Überhaupt sollst du in allem ganz gut sein. Und manchmal sind sie sogar ungehalten, wenn es nicht schnell genug geht, du trödelst, du etwas nicht willst. Bei Tim erlebst du sie immer geduldig. Und du strengst dich meist schon so an, aber es reicht immer noch nicht.*

*Du erzählst Tim viel von dem, was du erlebst. Viel anderes kannst du ja mit ihm nicht machen. Du bist dir nicht sicher, ob Tim das alles hören will und wie es ihm damit geht, denn er kann die Dinge ja nicht, von denen du erzählst. Du sagst ihm nichts von deinen Fragen, du sagst ihm auch nichts davon, dass du manchmal wütend auf Papa und Mama wegen ihm bist. Du willst ihn nicht traurig machen.*

*Du weißt, dass es Videos gibt von Tim, als er noch gesund war. Du möchtest sie gerne sehen. Aber Papa und Mama sagen, dass das nicht geht, weil sie dann zu traurig werden. Und Tim übrigens auch. Sie sind überzeugt davon, dass er es mitbekommen würde, auch wenn er nichts mehr sehen kann und nicht im selben Zimmer sein müsste. Das verstehst du wiederum, du denkst es ja selbst. Es ist doch klar, dass Menschen traurig werden, wenn sie krank werden und nicht mehr viel können.*

*Aber du bist neugierig, willst wissen, wie das mit der Krankheit so passieren konnte. Und du bist auch traurig, weil du nicht helfen kannst. Damit verstehst du Papa und Mama auch. Aber es ist sehr schwer, das alles auszuhalten. Manchmal fragst du dich, ob alles in eurer Familie so schwer ist, weil Tim behindert ist? Diese Frage ist nicht zu beantworten, weil ihr eben diese und keine andere Situation habt. Vieles in eurem Zusammenleben ist abhängig davon, dass Tim so viel Aufmerksamkeit braucht.*

*Wäre die Welt da nicht viel schöner, wenn es keine behinderten Menschen gäbe? Dann müssten die Menschen mit Behinderung auch nicht so viel aushalten. Du stellst die Frage nach Leid und welchen Sinn es macht. Wäre es nicht schöner, wenn Tim nicht so leiden müsste und die Eltern und du nicht so traurig wären?*

*Wer weiß schon genau, was Tim von sich denkt? Wie geht es ihm mit seiner Behinderung? Du traust dich nicht, ihn zu fragen. Antworten kann er ohnehin nicht, und traurig machen willst du ihn auf keinen Fall.*

*Ein Leben ohne Leid ist nicht denkbar. Wir alle würden es verhindern wollen. Es ist unmöglich. Das ist wie mit den Naturkatastrophen. Sie bringen viel Leid zu den Menschen. Denk an Flutkatastrophen, wo ganz plötzlich durch das viele Wasser Menschen so viel verloren haben. Natürlich hätte man Dämme ganz anders bauen können, um die Folgen zu mindern, verhindern kann man Naturkatastrophen nicht.*

*Wann ist die Welt für dich schön? Ich vermute mal, dass dazu gehört, dass alle Menschen sich gut verstehen, es keinen Streit gibt, keine Kriege geführt werden, dass es keine armen Menschen geben muss, keinen Hunger in der Welt.*

*Wir sollten uns dafür einsetzen, dass möglichst viele Menschen alles haben, was sie zum Leben brauchen. Dazu müssten diejenigen verzichten, die viel haben. Ob das zu erreichen ist?*

*Du bist sicher auch manchmal nicht gut drauf und erlebst dich so, wie du gar nicht sein willst. Du machst Dinge, die du gar nicht tun willst, du sagst etwas, was du gar nicht sagen willst. Manchmal kannst du dich dafür entschuldigen. Du musst dich so aushalten, wie du bist, an dir arbeiten. Perfekt ist niemand.*

*So sehr wir es wünschen würden, wir können Leid nicht abschaffen. Wir alle können mit dafür sorgen, dass dort, wo es möglich ist, Leiden verhindert wird und die Folgen von Leiden gemildert werden. Für dich heißt das auch, dass du nicht allein gelassen wirst, dass für deine Familien Menschen da sind, die euch unterstützen, wenn ihr etwas braucht.*

*Ich hoffe, die von dir gestellte Frage verstanden zu haben. Meine Antwort steht in diesem Brief. Kannst du etwas damit anfangen?*

*Herzliche Grüße, Marlies.«*

Auf einer beigefügten Karte (mit einem Motiv, das sich Felix gewünscht hat) habe ich Folgendes geschrieben:

*Lieber Felix,*

*auf dem letzten Geschwisterwochenende hast du eine Viertelstunde Stunde vor Schluss die Frage gestellt: Warum gibt es behinderte Menschen? Ohne sie wäre die Welt doch viel schöner!*

*Wir konnten nicht mehr ausführlich darüber sprechen. Ich habe versprochen, dir dazu zu schreiben. Die Karte reicht nicht aus. In der Anlage findest du einen Brief. Es ist ein langer Brief geworden – viel zu lang, denkst du vielleicht jetzt.*

*Du kannst mit diesem Brief unterschiedlich umgehen und es selbst entscheiden:*

- *Du liest ihn in Abschnitten, legst ihn immer wieder weg.*
- *Du lässt ihn dir vorlesen, von Mama, von Papa. Vielleicht interessiert sich auch Oma dafür.*
- *Du sprichst mit ihnen darüber.*
- *Du fragst bei mir nach, wenn du etwas nicht verstanden oder eine weitere Frage hast.*
- *Du legst den Brief weg und holst ihn hervor, wenn dich der Inhalt wieder interessiert.*

*Briefe kann man aufbewahren, liegen lassen, immer wieder lesen. Und vor allem selbst darüber entscheiden, was man damit macht.*

*Dir alles Gute, Marlies.«*

## *»Warum ist Paul behindert und ich nicht?«*

Anna, 8 Jahre, ist die jüngere Schwester von Paul, 11 Jahre. Judith, 14 Jahre, stellt sich diese Frage nicht. Sie ist die Älteste, hatte die Eltern 3 Jahre für sich allein, bevor Paul kam und alles so anders wurde. Anna wurde 3 Jahre nach Paul geboren. Sie hat vieles schneller gelernt als Paul, vieles, was für sie selbstverständlich ist und das für Paul mit so viel Anstrengung verbunden ist. Sie bekommt mit, dass Paul deshalb eifersüchtig ist auf sie, auf alles, was sie besser kann als er – und schneller ist sie in fast allen Dingen im Alltag. Paul lässt sie seine Eifersucht spüren. Er möchte die Dinge vor allem auch so schnell können wie sie – aber auf keinen Fall würde er mit ihr tauschen wollen und ein Mädchen sein.

Anna weiß nicht (mehr), was sie tun soll. Sie möchte Paul nicht wehtun. Sie wird langsamer und langsamer, aber es ändert sich in ihrer Beziehung zu Paul nichts. Im Gegenteil: Die Langsamkeit macht ihr Probleme, den Eltern bereitet sie Sorge. Anna ist verzweifelt, weil sie Paul damit nicht wirklich helfen kann.

*»Liebe Anna,*

*warum ist Paul behindert und ich nicht, fragst du immer wieder. Warum bin ich nicht so wie Paul? Deine Eltern haben schon manchmal mit dir darüber gesprochen, wie die Behinderung von Paul passiert ist, was die Folgen für Paul dadurch sind. Sie haben sich sehr engagiert für Paul, um die Folgen seiner Behinderung zu verringern und eine Verschlechterung zu verhindern. Paul musste oft operiert werden. Paul musste und muss Schmerzen aushalten, er muss selbst viel Kraft aufbringen, er will es unbedingt.*

*Die Unterstützung von Paul ist sehr anstrengend, auch für deine Eltern. So haben sie damals überlegt – und das haben sie dir auch erzählt –, ob sie noch die Kraft für ein weiteres Kind haben würden, ob sie den Mut hätten. Es ist sehr unwahrscheinlich, dass eine solche Behinderung in einer Familie ein weiteres Mal vorkommt – aber sicher ist sich da niemand. Und sie haben sich für ein weiteres Kind entschieden und haben sich sehr gefreut, dass alles so ohne Komplikationen verlief. Du kamst gesund zur Welt.*

*Sie haben damals nicht ahnen können, welche Auseinandersetzungen du jetzt führst. Für sie ist es oft auch nicht einfach, Pauls Protest gegen seine Behinderung auszuhalten. Er ist so, wie er ist. Es ist alles für ihn getan worden, was möglich ist, er macht bei allem mit, aber sei-*

*ne Behinderung hört dadurch nicht auf und ist auch nicht zu beheben. Er muss sich damit noch anders auseinander setzen, er muss damit leben lernen. Er und ihr auch.*

*Du hilfst ihm nicht, wenn du manche Dinge jetzt nicht so gut machst, wie du es könntest, weil er dich darum beneidet. Es macht keine Schwierigkeit für mich nachzuvollziehen, dass du ihn nicht verletzen willst. Vielleicht kannst du versuchen die Sache auch einmal anders herum zu sehen. Paul hat auch die Aufgabe, dir dein Leben nicht schwerer zu machen, dir mit zu ermöglichen, dass du so sein kannst, wie du bist.*

*Du darfst all deine Fähigkeiten entfalten – trotz der Reaktionen von Paul. Das heißt nicht, dass du in allen Dingen gut sein musst, in der Schule, zu Hause und anderswo. Du bist so, wie du bist, mit Stärken und Schwächen, mit Können und Nicht-Können. Deine Eltern möchten dich so annehmen, wie du bist.*

*Jeder hat eine besondere Kompetenz. Vielleicht kannst du danach mal in deiner Familie suchen. Was kann Mama gut, was Papa, was Judith, was Paul, was du?*

*Du hast alles versucht es Paul recht zu machen, auch den Eltern die ständigen Auseinandersetzungen, Vergleiche etc. zu ersparen. Deine Eltern und auch wir haben verstanden, was wir verstehen konnten. Wir werden dich unterstützen bei deiner Suche nach deinem eigenen Weg, ihn suchen und gehen musst du ihn.*

*Herzliche Grüße, Marlies.«*

## *»Meine Schwester ist anders! Gibt es wirklich keinen Namen dafür?«*

Sven ist in einer schwierigen Lage. Er will niemanden verletzen und weiß selber nicht weiter. Er weiß nicht mehr, wie er sich richtig verhalten soll, und bittet um einen Rat.

*»Lieber Sven,*

*du weißt nicht, was deine Schwester Iris genau hat. Du kannst ziemlich genau beschreiben, was sie kann und womit sie besondere Schwie-*

*Gemeinsam unterwegs*

*rigkeiten hast. Du bist darauf bedacht zu sagen, dass man das auf den ersten Blick gar nicht sieht. Iris geht in eine besondere Schule, das weißt du. Sie spricht nicht so gut wie du, und mit dem Lesen und Schreiben geht es nur sehr schwer. Sie ist 3 Jahre älter als du. Dir fallen diese Sachen alle leicht. Du fragst dich manchmal, ob ihr das wohl etwas ausmacht.*

*Du hast deine Eltern schon mal gefragt, aber so richtig erklären können sie es dir auch nicht. Du hast gespürt, dass sie es nicht so gerne haben, wenn du danach fragst. Es fällt ihnen schwer, darüber zu sprechen. Sie sagen das zwar nicht, aber das spürst du schon. Du weißt, dass alles getan wird, dass Iris nicht so doll merkt, dass sie anders ist. Du machst so gut wie möglich dabei mit, aber ganz kannst du nicht verstehen, warum das so ist.*

*In deiner Familie fragst du nicht mehr danach. Du spürst zwar auch, dass Vater und Mutter eine unterschiedliche Meinung haben, ob sie dich ins Vertrauen ziehen sollen. Aber Ärger machen oder haben willst du deshalb nicht. Und du traust dich auch nicht, Iris zu fragen. Manchmal meinst du zu merken, dass auch sie mehr über sich wissen will. Aber wenn es den Anschein hat, dass sie dich fragen könnte – wenn die Eltern nicht da sind –, weichst du schnell aus. Du hast verstanden, dass darüber nicht geredet werden soll.*

*Das ist eine ganz eigene Situation in der Familie. Sie ist für dich schwierig. Wahrscheinlich ist sie das für jeden von euch anders. Das vermutest du auch. Du fragst dich mit deinen 11 Jahren inzwischen, ob Iris nicht ein Recht hat, über sich das zu erfahren, was man ihr sagen kann. Du kennst sie gut. Und du beobachtest die Veränderungen an ihr. Sie muss ja am meisten ihr Anderssein aushalten. Du fragst dich, ob sie manchmal mehr über sich selbst weiß, als die Eltern vermuten.*

*Du suchst nach einem Weg, mit dieser Fragestellung umzugehen, in erster Linie für dich. Was sollst du sagen, wenn Freunde dich nach deiner Schwester fragen? Du hast dir immer gut überlegt, was du antworten kannst, und bis jetzt ist das meist gelungen. Du bist sehr vorsichtig mit den Informationen. Du willst niemandem wehtun. Es wird zunehmend anstrengend. Und es könnte ja sogar passieren, dass deine Freunde Iris begegnen, wenn du nicht dabei ist. Was ist dann?*

*Ich kann dir nur sagen, dass der Weg mühsam ist. Manchmal braucht es Hilfestellungen von Menschen, die nicht so direkt betroffen sind, sich aber in den Fragestellungen auskennen, damit eine Familie einen Weg gehen kann, der für alle nicht so anstrengend ist.*

*Kannst du mit meinen Hinweisen fürs Erste etwas anfangen? Bitte melde dich sonst noch einmal.*

*Herzliche Grüße, Marlies.«*

Der zweite Teil dieses Kapitels enthält eine thematische Auflistung von Fragen, wie sie von Geschwisterkindern in unterschiedlichen Situationen formuliert wurden. Viele Fragen sind sehr komplex und beinhalten mehrere Aspekte. In diesen Fällen ist eine eindeutige thematische Zuordnung nicht immer möglich.

*Medizinisch-biologische Aspekte von Behinderung*

- Welche Prozesse laufen im Körper meines Bruders wegen seiner Krankheit ab?

- Wie entstehen Behinderungen?
- Kann man Behinderungen heilen?
- Warum ist die Krankheit meiner Schwester nicht erforscht?
- Was ist der Unterschied zwischen Krankheit und Behinderung?
- Wie empfinden Menschen mit Behinderung Schmerz?
- Kann ich diese Krankheit an meine Kinder weitervererben?

*Biografische Situation einzelner Familienmitglieder*

- Wie werde ich reagieren, wenn meine Schwester in ein Heim kommt?
- Was werden meine Eltern denken, wenn meine Schwester stirbt?
- Wissen behinderte Menschen, dass sie behindert sind?
- Warum wollen die Großeltern nicht erzählen, dass mein Bruder/ meine Schwester behindert ist?

*Ethische Fragen und gesellschaftliche Diskussion*

- Im historischen Rückblick – Stichwort: »Unter Hitler hätte es das nicht gegeben!«
  1. Warum gibt es so wenig alte behinderte Menschen?
  2. Warum sind in der NS-Zeit behinderte Menschen umgebracht worden?

- Auf aktuelle und zukünftige Entwicklungen gerichtet – Stichwort: »Heute muss doch niemand mehr ein behindertes Kind bekommen!«
  1. Warum gibt es Menschen, die nur gesunde Kinder haben wollen?
  2. Warum dürfen behinderte Kinder abgetrieben werden?

- In der allgemeinen gesellschaftlichen Diskussion
  1. Wie wichtig sind Lesen und Schreiben oder gibt es wichtigere Werte?

2. Was ist lebenswertes Leben?
3. Was ist schlimmer? Eine Schwester mit Herzfehler oder ein Bruder im Rollstuhl?
4. Warum können behinderte Menschen nicht normal in der Gesellschaft leben?
5. Warum wird über behinderte Menschen gelästert?
6. Warum wird Behinderung nicht akzeptiert?

*Religiöse Fragestellungen*

1. Warum lässt Gott Leid zu?
2. Warum kann Gott Behinderungen nicht abschaffen?

*Die eigene Lebenssituation*

1. Warum muss ich mehr Verantwortung tragen?
2. Warum darf meine Schwester alles?
3. Bin ich für meinen Bruder immer verantwortlich?
4. Warum muss ich immer aufpassen?
5. Darf ich glücklich sein, dass ich nicht behindert bin?

Zu der letzten Frage hat uns die 13-jährige Franziska ihre Überlegungen aufgeschrieben:

»Ich habe die Frage »Darf ich glücklich sein, dass ich nicht behindert bin?« einmal so gestellt, als sich Menschen (von einer Zeitung) für meine besondere Lebenssituation interessiert haben. Sie haben meine Frage prompt verändert. Es hieß dann in dem Bericht: Darf ich glücklich sein, dass ich anders bin? Das hat mich gekränkt? Was soll mein Bruder dann sagen – anders ist er ja auch –, aber ob er glücklich ist? Das würde nicht mal ich mich trauen, ihn zu fragen.

Ich will alles für meinen 12-jährigen Bruder tun, ich habe ein schlechtes Gewissen, weil es ihn und nicht mich getroffen hat. Muss ich deshalb alles tun, was er will und was meine Eltern wollen, sie sagen ja auch, dass ich mich freuen soll, dass ich nicht so bin wie er. Muss ich wirklich ein schlechtes Gewissen haben? Meinen sie das ehrlich mit dem Freuen? Oder muss ich mich schämen, dass ich mich freue? Mache ich meine Eltern traurig, wenn ich sage, dass ich glücklich bin, keine Behinderung zu haben? Mache ich meinen Bruder traurig – und damit dann auch sie? Spürt mein Bruder, dass ich das so denke?

Ich werde die Frage jetzt nur noch für mich denken, damit mir niemand mehr Vorwürfe machen kann und denkt, dass ich meinen Bruder nicht akzeptiere mit seiner Behinderung, wenn ich diese Frage stelle. Ich mag ihn sehr. Aber ich möchte nicht so sein wie er, und ich möchte auch seine Behinderung nicht haben. Und eigentlich möchte ich das alles auch sagen dürfen, ohne dafür bestraft zu werden.«

Franziska hat allen Mut gebraucht, um andere Geschwister und Erwachsene an ihren Überlegungen teilhaben zu lassen. Aber sie hat die Erfahrung gemacht, dass sie diese Frage ohne Angst stellen konnte.

## *Unser Anliegen*

Geschwister von Kindern mit Behinderungen und Beeinträchtigungen stellen viele Fragen. Sie suchen nach Antworten, nach Menschen, die sich mit ihnen auf den Weg machen, um nach Antworten zu suchen. Wenn wir uns ihren Fragen stellen wollen, ist es wichtig,

- die persönliche Auseinandersetzung mit den Kindern und Jugendlichen dort zu führen, wo es möglich ist,
- zu wissen, wo Informationen zu Sachfragen zu finden sind (Literatur, Internet),
- Kinder und Jugendliche zu ermutigen, Fragen zu stellen trotz des Risikos, keine Antwort zu bekommen,
- auf Formen des schriftlichen Austausches (Briefe, Foren im Internet, Websites) hinzuweisen .

# 7. *Da ist mir klar geworden, welche Last auch auf uns Eltern lastet*

## *Eltern als Ansprechpartner in der Seminararbeit*

In diesem Kapitel möchten wir die Eltern zu Wort kommen lassen, ihre Aussagen hinterfragen und dazu Stellung beziehen. An den Anfang stellen wir den Brief einer Mutter, den sie im Anschluss an einen Vortrag geschrieben hat. In der Familie leben 3 Kinder, eine Tochter, 15 Jahre, ein Sohn mit Körperbehinderung, 12 Jahre, und eine jüngere Tochter, 9 Jahre.

»Da ich in den verschiedenen Konstellationen von der ganzen Problematik betroffen bin, ist mir klar geworden, welche Last auch auf uns Eltern lastet.

Zum einen bekommen wir ein behindertes Kind, was wir verarbeiten, womit wir umgehen lernen müssen. Andererseits müssen wir die Angehörigen trösten, allen Menschen helfen, mit uns in dieser schwierigen Situation umzugehen. Eventuell sind schon Kinder da, denen wir erklären müssen, warum es mit dem Geschwisterchen jetzt nicht alles so läuft, wie man es sich vorher vorgestellt hat. Irgendwann hat man dann vielleicht den Mut, noch einmal ein Kind zu bekommen, und man freut sich, dass alles in Ordnung ist, dass das Kind scheinbar gesund ist. Im Laufe der Zeit merkt man, welche Probleme die nachfolgenden Geschwisterkinder mit sich herumschleppen, welchen Belastungen sie ausgesetzt sind. Auch hier möchte man natürlich helfen – aber wie?

Mir ist auch klar geworden, dass manche Probleme ganz andere Ursprünge haben, nur wie erkennt man sie? Auch hier sind wieder Eltern gefragt, und mir stellt sich die ganz große Frage: Wer hilft eigentlich den Eltern? Alles, was man ausgräbt, läuft doch auf Eigeninitiative. Im Laufe der Zeit hat man schon mal das Gefühl, erdrückt zu werden ...

Ich glaube, dass es eine ganz schwierige Aufgabe für Eltern ist, ihre Kinder (egal ob behindert oder nicht) anzunehmen, wie sie sind, mit all ihren Stärken (die zu erkennen) und Schwächen (die kennt man ja meistens). (...) Ich frage mich zur Zeit sehr, ob ich das wirklich tue, und zweifele mich und mein Tun innerhalb dieser Fragestellungen sehr an (...).«

Die Mutter bringt damit all die Ansprüche, die an sie gerichtet werden oder die sie selbst an sich stellt, zum Ausdruck, und sie fragt berechtigterweise nach Hilfestellungen für die Eltern: »Im Laufe der Zeit hat man schon mal das Gefühl, erdrückt zu werden ...« Sie sucht, wie viele andere Eltern auch, nach Wegen, die Situation der nicht behinderten Geschwister zu begreifen, sie zu verstehen.

Wir verstehen unsere Geschwisterseminare auch als Hilfestellung für die Eltern. Indem wir uns den Fragen und Bedürfnissen der Kinder und Jugendlichen zuwenden, entlasten wir ein Stück weit auch die Eltern. Doch sie müssen zunächst einmal dazu bereit sein, ihre Kinder an solchen Seminaren teilnehmen zu lassen. Daher geben wir ihnen vorab die Möglichkeit, sich über unser Angebot, unsere Konzepte und unsere Einstellung zu Behinderung zu informieren. Wir suchen das gemeinsame Gespräch und ermutigen Eltern, den Schritt nach außen zu gehen. Es ist weder Schwäche noch Versagen des Elternhauses, zusätzliche Hilfen in Anspruch zu nehmen. Letztlich kommt die Entlastung auf unterschiedlichen Ebenen allen Familienmitgliedern zugute.

Im Rahmen von Vorträgen und auf Elternabenden begegnen wir einerseits Eltern, die ernsthaft nach einem Angebot für ihr Kind suchen, andererseits aber auch skeptischen Eltern, die befürchten, ein »Problem hochzustilisieren, das eigentlich gar keines ist«.

## *Geschwisterseminare – Anliegen und Vorbehalte von Eltern*

»Ich habe selbst erlebt, wie gut es für mich ist, mit ähnlich betroffenen Eltern über meine Lebenssituation reden zu können. Gäbe es die Möglichkeit, einmal nur die Geschwister einzuladen, um ihnen die Gelegenheit zu geben, untereinander ihre Erfahrungen auszutauschen?« (Frage einer Mutter am Ende eines Wochenendes für Familien mit behinderten Kindern).

»Mein Sohn, 8 Jahre alt, hat seit 2 Monaten zunehmend Probleme. Er klagt über Bauchschmerzen, und jeden Morgen ist es ein Kampf, ihn zur Schule zu bringen. Der Kinderarzt kann nichts finden und meint, es hängt möglicherweise mit meiner behinderten Tochter zusammen. Sie ist 2 Jahre älter und geht in eine Schule für Kinder mit Lernbehinderungen«(Mutter im Rahmen eines Elternabends).

»Meine Tochter, 13 Jahre, ist seit 2 Jahren wegen Essstörungen in psychotherapeutischer Behandlung. Die Therapeutin hat mich auf Ihr Angebot aufmerksam gemacht, weil sie meint, dass das Problem meiner Tochter mit unserem 10-jährigen Sohn, er hat das Down-Syndrom, in Zusammenhang stehen könnte«(Anruf einer Mutter).

»Kann mein Sohn Probleme bekommen, wenn er von den Problemen anderer Kinder auf einem Seminar hört? Er selbst hat noch nie Probleme geäußert.«

»Wir lassen uns von niemandem einreden, dass das gesunde Kind Probleme hat!«

»Gibt es wissenschaftliche Untersuchungen, dass der Besuch eines Geschwisterseminars den Kindern tatsächlich hilft, mehr hilft, als wenn sie dieses Angebot nicht hätten?«
»Wie beweisen Sie uns, dass es überhaupt ein Angebot für die Geschwister braucht und sie es dann tatsächlich leichter haben?«
(Diese beiden Fragen werden immer wieder im Rahmen von Elternabenden gestellt.)

»Jetzt haben wir schon so viele Termine und Verpflichtungen mit dem behinderten Kind. Müssen wir auch noch zusätzliche Zeit für das andere Kind, die anderen Kinder investieren? Das können wir gar nicht schaffen!«

»Die Geschwister leben so selbstverständlich zusammen wie andere Geschwister auch. In Zeiten von Integration ist es auch falsch, den nicht behinderten Kindern etwas nur für sich anzubieten.«

»Unsere Tochter, 11 Jahre, lässt sich seit 2 Jahren sehr kritisch über ihren behinderten Bruder aus. Sie hat Asthma, und in kritischen Situationen, die für sie belastend sind, werden ihre Asthma-Anfälle häufiger.

Ich setze mich jetzt sehr mit der Situation der Geschwister auseinander, indem ich eine Menge Literatur dazu lese. Ich bin in einer Therapie, weil ich glaube, dass nur das Verhalten der Eltern auch das Verhalten unserer Tochter ändern kann. Was soll ein Angebot für meine Tochter denn da bewirken können?« (Mutter im Rahmen eines Elternabends).

Wir beobachten zunehmend, in welcher Not Familien sind, wenn die nicht behinderten Kinder »auffällig« werden. Leistungen in der Schule verändern sich drastisch, mit ihrem Verhalten machen sie auf sich aufmerksam. Suchen die Eltern Hilfe bei Fachleuten, wird neben anderen immer häufiger die Diagnose ADS (Aufmerksamkeits-Defizit-Syndrom) beziehungsweise ADHS (Aufmerksamkeits-Defizit-Hyperaktivitäts-Syndrom) gestellt. Damit wird die Ursache für das Verhalten des Kindes festgelegt. Für die Eltern bedeutet das, ein weiteres Kind »mit Diagnose« zu haben.

## *Entstehen Probleme, wo gar keine sind?*

Wie können wir Eltern helfen, ihre Ängste, dass innerhalb eines Angebotes für Geschwisterkinder etwas »geschieht«, das zukünftig zu Problemen führen könnte, abzubauen?

Eltern müssen am Prozess beteiligt werden, ohne den Prozess, den das Kind zu führen hat, für sich zu vereinnahmen. Wer begleitet die Eltern? Kann es die Person sein, die das behinderte Kind begleitet, die die

Geschwister begleitet. Oder bedarf es hier – vor allem in kritischen Situationen – einer ganz eigenen Anlaufstelle?

Begleitende Personen sollten der individuellen Situation jeder Familie mit großem Respekt begegnen. Ob ihre Angebote angenommen werden, entscheidet die Familie oder das jeweilige Familienmitglied, niemals ein außenstehender Begleiter.

## *Wissenschaftliche Absicherung von Geschwisterseminaren*

Es gibt bisher noch keine wissenschaftliche Untersuchung, die den Nutzen unserer Angebote nachweisen könnte. Als wesentlich erachten wir die bewusste Auseinandersetzung mit der Lebenssituation jedes einzelnen Kindes.

## *Überlastung durch zu viele Termine*

Es ist nicht unsere Absicht, Forderungen an die Eltern zu stellen, die sie nicht leisten können oder die die ohnehin schon schwierige Situation einer Familie unter Umständen zusätzlich belasten. Oft bedarf es keines zusätzlichen großen Zeitaufwands, um dem Geschwisterkind zu signalisieren, dass es ernst genommen wird.

## *Alles ganz normal!*

Viele Familien haben den Wunsch nach Normalität und verdrängen die Tatsache, dass das Zusammenleben mit einem Menschen mit Behinderung eine besondere Lebenssituation darstellt. Wir verweisen hierzu auf das Kapitel »Bei uns ist alles ganz anders«.

## *Das sind ganz allein unsere Probleme*

Viele Eltern, insbesondere Mütter, versuchen durch die Lektüre entsprechender Fachliteratur, das Studium eines sozialen Berufes oder die eigene Diplomarbeit zum Thema Geschwister die Situation ihrer Kinder zu begreifen und zu verändern. Stellvertretend für das Geschwisterkind versuchen sie alle möglichen auch kritischen Fragestellungen vorwegzunehmen, um im Bedarfsfall darauf eingestellt zu sein oder im Vorfeld zu verhindern, dass das Geschwisterkind Erklärungsmodelle entwickelt, die von den familiären Anpassungsstrategien im Umgang mit Behinderung abweichen.

Was muss und soll in der Familie bleiben? Was soll nicht nach außen kommen? Ist es nicht möglich, anhand eines Verhaltenskataloges innerhalb der Familie für ein problemloses Zusammenleben zu sorgen?

Wir wollen nicht behaupten, dass es keine Probleme mehr geben würde, wenn Eltern sich Punkt für Punkt an eine Liste von Ratschlägen hielten. Es gibt keine Erfolgsgarantie, wenn allgemein formulierte Tipps »ordnungsgemäß« befolgt werden. Manchmal begegnen wir Eltern, die genau diese Anleitung suchen und offen ihre Enttäuschung kundtun, wenn wir ihre Erwartungen nicht erfüllen. Es ist nachvollziehbar, dass bei all den Anforderungen und Unsicherheiten das Bedürfnis nach eindeutigen Orientierungslinien vorhanden ist – das gilt nicht nur für Eltern von Kindern mit Behinderung, allgemein ist eine Verunsicherung von Eltern in Erziehungsfragen zu beobachten. Aber: Es gibt weder Rezepte noch Patentlösungen.

Es bleibt die Suche nach dem eigenen Weg – für die gesamte Familie und für jedes einzelne Familienmitglied. Die Eltern entscheiden, ob ein Kind neben den Möglichkeiten der Auseinandersetzung innerhalb der Familie einen eigenen Raum außerhalb finden kann.

Nicht alle Fragestellungen zwischen Eltern und Kindern sind durch die Behinderung eines Kindes bedingt, und es ist oft mühsam zu klären, welche Auseinandersetzungen die Geschwister auch führen würden, wenn es kein Kind mit Behinderung in der Familie gäbe.

Die Eltern haben oft ziemlich genaue Vorstellungen, wie ein Kind zu sein hat, welche Ziele es verfolgen soll, wie sein Lebensweg zu planen ist. Die Kinder ihrerseits entwickeln zunehmend eigene Vorstellungen, zeigen den Eltern mit ihrem Verhalten, welchen Plan sie verfolgen, weigern sich, den vorgegebenen Weg so zu gehen, wie es den Vorstellungen der Eltern entspricht. Gerade das nicht behinderte Kind in der Familie soll die Erwartungen erfüllen, »wenn man es schon vom behinderten Kind nicht verlangen kann«. So nachvollziehbar dieser Wunsch auch ist, so birgt er die Gefahr, Kindern ihre eigene Entwicklung zu erschweren, sie zu verpflichten, einen Weg einzuschlagen, für den sie sich selbst nicht entschieden hätten. Viele Eltern wissen um diese Gefahr und sind sehr aufmerksam, nicht in dieses Muster zu verfallen.

Wir möchten Eltern vermitteln, dass sich ihre nicht behinderten Kinder auch außerhalb der Familie mit ihrer besonderen Lebenssituation auseinander setzen können, ohne damit interne Familienauseinandersetzungen nach außen zu tragen. Gestehen Eltern ihren Kindern diesen eigenen Raum zu, wird damit eine Vertrauensbasis geschaffen, die für das gesamte Familiengefüge tragfähig ist.

## *Reaktionen von Eltern nach einem Seminar*

»Schreiben Sie meiner Tochter doch eine Karte. Sie bekommt so gerne eigene Post.«

Mit dieser Bitte wendet sich eine Mutter per Internet an die Begleiterin einer Geschwistergruppe. Was auf den ersten Weg ungewöhnlich erscheint, ist bei näherem Hinsehen ein liebevoller Versuch der Mutter, ihrer Tochter sozusagen ein eigenes Angebot zu »verschaffen«.

»Ich habe das Buch mit den Geschwistergeschichten gelesen. Es stellt sehr eindrucksvoll die Gefühle der Geschwisterkinder dar. Mein Sohn fühlte sich (leider) bestätigt.«

»Sie haben auf dem Geschwisterseminar meinem Sohn vor allem etwas gegeben, was er nur sehr selten bekommt: VOLLE Aufmerksamkeit.«

»›Kann ich hier nächstes Jahr wieder mitmachen?‹ Mit dieser Frage begrüßte mich mein Sohn Timo (9 Jahre), als ich ihn von seinem ersten Geschwisterseminar abholte.«

»– Kinder treffen Kinder in ähnlicher Situation, dadurch können Dinge angesprochen werden, die sonst nicht gesagt werden, denn alle erfahren irgendwie irgendwann ein »Ausgegrenzt-Sein und Gehänselt-Werden« wegen des behinderten Geschwisterkindes,
– bewirken immer wieder in großem Umfang das Wohlergehen der Geschwisterkinder,

- stabilisieren,
- geben Rückhalt,
- auch wenn es den Anschein hat, so ein Seminar ist eigentlich gar nicht nötig, wird von dem Geschwisterkind und den Eltern gesagt, wie gut, dass er /sie da war,
- ersetzen in manchen Fällen psychotherapeutische Behandlungen oder ergänzen sie, denn Psychotherapeuten haben nicht immer den Blick für die besondere Situation dieser besonderen Kinder« (aus dem Brief einer Mutter).

*Anmerkung:* Die Begleitung innerhalb unserer Angebote basiert bewusst und deklariert nicht auf einem therapeutischen Konzept. Wenn diese Mutter das Angebot für ihr Kind so erlebt hat, kann sie diese Sichtweise einnehmen.

## *Das Gespräch suchen*

Im Anschluss an Geschwisterseminare weisen wir die Eltern darauf hin, dass sie die Inhalte des Seminars im Gespräch mit den Kindern erfahren können. Dabei bleibt es dem Kind überlassen, das zu erzählen, was es erzählen will. Wir ermuntern die Eltern auch, darauf zu warten, was das Kind erzählt, es nicht zu drängen oder auszufragen. Aus einer Vielzahl von Rückmeldungen wissen wir, dass die Kinder von sich aus durchaus bereit sind, sich mit den Eltern auszutauschen, allerdings in ihrem Tempo und zu einem Zeitpunkt, den sie bestimmen.

Wir haben immer erlebt, dass es Kindern auf den Seminaren gut gefallen hat, dass sie voller Engagement dabei waren, Spaß hatten, sich auseinander gesetzt haben. Kommen dann die Eltern, sagen sie, dass alles ganz schlecht war, sie nicht wieder her wollen. In der Regel sind das die Kinder, die nicht freiwillig gekommen sind und nun den Eltern auch beweisen müssen, dass es etwas »Schlechtes« war, was die Eltern ihnen da zugemutet haben. Oder es sind die jüngeren Kinder, deren Mütter sie nur schwer auf das Seminar gehen lassen konnten. Sie haben während der gesamten Zeit die Mutter nicht vermisst. Beim Abholen sagen sie der Mutter: »Hier will ich nicht wieder hin, das ist zu lang.«

Es wäre wichtig, dass die Eltern dann die verantwortliche Mitarbeiterin in das Gespräch mit dem Kind einbeziehen. Das Kind bekommt so die Chance, zu klären, was es selbst will, und erfährt, dass es nicht verpflichtet ist, im Sinne der Eltern etwas »erledigen zu müssen«. Die Begleitung in die Eigenständigkeit wird dann zum gemeinsamen Ziel von Eltern und MitarbeiterInnen bei Angeboten für Geschwisterkinder.

Wir können durchaus nachvollziehen, dass Eltern neugierig oder daran interessiert sind, was ihr Kind erlebt hat. Auch die Unsicherheit, ob das Kind etwas gesagt hat, das es zu Hause nicht sagen würde, ist verständliche Motivation dafür, das Kind mit Fragen zu überhäufen.

Eltern können uns nach jedem Seminar anrufen, wenn sie Rückfragen haben. Allerdings geben wir keine Auskunft über das Verhalten eines Kindes. Das würde die Vereinbarung, die mit den Kindern auf einer Tagung getroffen wurde, aufheben und einen massiven Vertrauensbruch darstellen. Wohl aber nehmen wir die Fragen der Eltern ernst, hinterfragen, was das genaue Anliegen ist, und ermuntern, mit dem Kind selbst die Kommunikation aufzunehmen.

Fällt jedoch ein Kind bei einem Seminar besonders auf, informieren wir von uns aus die Eltern. In diesem Fall wird mit dem Kind vereinbart, dass ein Gespräch mit den Eltern stattfinden wird, je nach Anlass allein oder mit dem Kind.

»Ich habe Sie nach dem Seminar nicht angerufen. Ich glaube, dass alles soweit o. k. ist, und Sie sagten, dass Sie bei gravierenden Problemen schon von sich aus eine Meldung gemacht hätten. Sollte das nun doch anders sein, haben Sie hier meine E-Mail-Adresse« (E-Mail einer Mutter, 10 Tage nach einem Seminar).

## *Wie rede ich als Mutter, als Vater mit meinen nicht behinderten Kindern über die Behinderung des betroffenen Kindes?*

Den Umgang mit der Behinderung bewältigt jede Familie anders, auf ihre Weise, nicht reglementierbar durch Außenstehende. Deshalb lassen wir an dieser Stelle die Betroffenen wieder selbst zu Wort kommen.

»Es ist für mich schwer, in die Öffentlichkeit zu gehen, da mein Sohn (11) nichts weiß von dem Verlauf der Krankheit meiner Tochter (14). Ich habe zu Hause erzählt, dass ich heute zu dem Vortrag gehe, weil mich dieses Thema interessiert für ein Kind, das ich kenne« (Aussage einer Mutter im Rahmen eines Vortrags).

»Mein ältester Sohn Marvin wird manchmal gefragt, was sein kleiner Bruder denn hätte. Als Antwort bekommt der Fragende dann »NCL« (Neuronale Ceroid Lipofuszinose, Anm. d. Ver.). Mit dieser Antwort können die meisten Menschen nichts anfangen, aber wer weiter fragt, wird die Auskunft erhalten, dass der kleine David behindert ist und alles verlernt hat, was er einmal konnte, und auch leider nicht wieder gesund wird, sondern an NCL sterben muss.

Es hat lange gedauert, bis Marvin in der Lage war, auf derartige Fragen eine Antwort geben zu können. Hätte man ihn vor etwa 2 Jahren gefragt, wäre seine Antwort ganz anders ausgefallen, obwohl er dasselbe Wissen um die Erkrankung hatte. Damals wäre die Antwort »Bronchitis und Diabetes« gewesen.

Marvin und ich mussten erst einmal begreifen, was da mit dem bis vor kurzem doch noch gesunden David passierte. David, mit 4 Jahren noch ein frecher, fröhlicher und bewegungsfreudiger Junge, war mit 4 ½ Jahren plötzlich nicht mehr in der Lage, selbständig zu gehen oder Sätze zu sprechen. Die ersten Anzeichen waren eine beginnende, nicht einzustellende Epilepsie und eine schrittweise Rückentwicklung. Vom ersten Krampfanfall bis zur Diagnose dauerte es ein Jahr.

Jetzt wussten wir zwar endlich, was David hatte, aber die Erkenntnis war niederschmetternd: spätinfantile NCL, eine neurodegenerative, rezessiv vererbbare Erkrankung, bei der sich durch ein fehlendes Enzym Fettstoffe in den Nervenzellen ablagern. Diese Erkrankung ist bis heute unheilbar und führt zum frühzeitigen Tod.

Es war für mich unfassbar, dass meinem süßen, kleinen Sohn niemand mehr helfen könnte. Ich sprach mit Freunden und Verwandten über das »Unfassbare« und versuchte auch Marvin zu erklären, was mit seinem Bruder geschah. Marvin, damals 7 Jahre, blockte ab. Er wollte hören, dass David wieder gesund wird. Er versuchte zu ignorieren, vielleicht um nicht wie ich in einer ersten Phase zu verzweifeln.

Eine große Hilfe war uns die NCL Gruppe Deutschland e.V., hier konnte ich mit anderen betroffenen Eltern sprechen. Auch Marvin fand durch ein Seminar für Geschwisterkinder endlich die Möglichkeit, sich mit seinen Ängsten und Nöten auseinander zu setzen. Bei seinem ersten Seminar saß er nur dabei und hörte zu, ohne sich zu beteiligen. Aber das zweite Seminar war wie ein Befreiungsschlag für ihn. Er wusste jetzt, hier sind Menschen, die ihm helfen wollen, hier kann er offen all die Fragen stellen, die er in seinem Innern mit sich herumschleppte. Vor allem waren hier auch andere Kinder, die Ähnliches erlebten wie er. Nach diesem zweiten Seminar saß ich mit Marvin im Arm noch lange auf dem Sofa, und wir weinten gemeinsam. Endlich war er in der Lage, auch mit mir über seinen Schmerz zu sprechen« (Brief einer Mutter).

*»Was war für dich besonders anstrengend oder nervig im Zusammenleben mit deinem Bruder?« (Mutter)*
»Am nervigsten war es, wenn F. laut in seinem Zimmer herumtobte und ich nicht einschlafen konnte. Am nächsten Morgen musste ich teilweise müder zur Schule oder zur Arbeit.« (Sohn)
*»Haben wir für dich zu wenig Zeit gehabt?«*
»Ja, wir konnten wenig gemeinsam machen, weil einer (Papa oder du) sich immer um F. kümmern musste. Nachmittags musste immer einer von euch zu Hause sein, wenn der Bus kam und F. aus der Schule nach Hause brachte.«
*»Hattest du durch deinen Bruder Nachteile oder Schwierigkeiten in Schule, Beruf, Sport oder Freizeit?«*
»Eigentlich nicht. Alle Freunde und Bekannte hatten F. so akzeptiert, wie er eben war, und haben mich ganz normal behandelt.«
*»Wäre es schön für dich, wenn du jetzt noch weitere Geschwister hättest?«*
»Ja, natürlich. Jeder wünscht sich lieber einen gesunden Bruder oder eine gesunde Schwester. Das ist nun für mich Vergangenheit. Ich hätte gerne eine Schwester oder einen Bruder. Dann könnte ich mal richtig streiten oder auch mal gemeinsam ›Front‹ gegen euch machen.« (Dia-

log von Mutter (48 Jahre) und Sohn (19 Jahre), 7 Monate nach dem Tod des behinderten Bruders.)

Der Sohn zu seinen Erfahrungen mit Geschwisterseminaren:

»Etwa 6 Jahre habe ich an Geschwisterseminaren teilgenommen. Besonders schön waren die Erfahrungen, dass da noch so viele andere Geschwister waren, die gleiche oder ähnliche Probleme hatten. Es wurde besprochen, wie der einzelne sich in seiner Familie ›Gehör‹ verschaffen konnte (ich bin doch auch noch da) oder wie man auf ›Fehlverhalten‹ des behinderten Bruders, der behinderten Schwester in der Öffentlichkeit reagieren sollte.

Natürlich war das besonders Schöne an Geschwistertagungen, dass wir immer besondere Erlebnisse haben konnten, die in unseren Familien zum Teil einfach nicht möglich waren. Wir brauchten einmal keine Rücksicht auf unsere Geschwister zu nehmen, wurden nicht von ihnen gestört, durften einfach gemeinsam Spaß haben, ohne dass es hieß: Das geht jetzt nicht, weil …

Ich erinnere mich sehr gern an die Zeit der Seminare zurück, die ich nur besuchen durfte, weil ich eben einen behinderten Bruder hatte. Etwas mit Geschwistern zu erleben, war für mich ganz neu, da ich aufgrund der Behinderung meines Bruders sehr wenig, eigentlich kaum mit meinem Bruder spielen konnte.«

Eine andere Möglichkeit, mit den nicht behinderten Kindern ins Gespräch zu kommen, zeigt der folgende Brief einer Mutter an ihren nicht behinderten Sohn, 10 Jahre. In der Familie gibt es außerdem eine jüngere Tochter mit Down-Syndrom:

»*Lieber Sohn,*

*meine Vorstellungen von einem Familienleben mit dir, mit Papa und einem weiteren Geschwisterchen von dir sind seit der Geburt deiner Schwester jäh zerstört worden. Ich wollte für dich und uns alle eine ganz normale Familie, so wie andere auch. Ich hatte gehofft, dass du eine Schwester bekommst, mit der du sprechen, dich austauschen, mit der du dich verbünden kannst und mit der du auch streiten kannst.*

*Deine Schwester ist behindert, und vieles ist für dich anders geworden, als ich es eigentlich wollte. Ich hatte und habe weniger Zeit und Aufmerksamkeit für dich. Auch wollte ich, dass wenigstens du nicht noch große Schwierigkeiten machst. Deine Schwester benötigt viel Zuwendung und Aufmerksamkeit, und ich weiß, dass dich das oft nervt. Wir fallen überall auf, und es ist bestimmt schwer für dich, damit klarzukommen.*

*Alles hat sich verändert. Nichts ist mehr selbstverständlich. Auch ich habe mich verändert. Oft ist mir alles zu viel, und ich bin ungerecht, schreie dich an und kann dich nicht verstehen. Und doch bemühe ich mich darum, dass es dir bei uns und mit uns gut geht.*

*Ich möchte, dass alles gut läuft bei uns, und Veränderungen bedeuten für mich oft erst mal Chaos! Ich weiß aber, dass dies notwendig ist, damit wir uns alle weiterentwickeln können. Du rebellierst am meisten gegen meine bestehende Ordnung und Regeln. Ich verstehe, dass sie dich einengen und du für dich Veränderungen brauchst.*

*Ich will versuchen mich zu verändern, wie es für meine und deine Entwicklung notwendig ist.*

*In Liebe, deine Mutter.«*

Dieser Brief könnte zwei konträre Reaktionen auslösen: »Das ist zu viel für den Jungen. In seinem Alter ist er damit doch völlig überfordert!« »Diese Ehrlichkeit möchte ich im Umgang mit meinen Kindern gerne haben!«

Wir sind fest davon überzeugt, dass Kinder um die Auseinandersetzungen der Eltern entsprechend ihres Entwicklungsalters »wissen«. Offen mit ihnen darüber zu sprechen oder versuchen, mit ihnen darüber ins Gespräch zu kommen, ist aus unserer Sicht weniger belastend, als sie in der Vermutung zu lassen, dass da etwas ist, sein könnte …

## *Aussagen von Müttern im Rückblick*

»Ich war damals froh, dass es überhaupt Seminare gab, die zunächst einmal mir halfen, mit der Situation besser leben zu können. Ich hatte nie den Eindruck, dass M. Probleme damit hatte, dass seine Schwester behindert ist (Down-Syndrom). Als er dann aber zu den Geschwisterseminaren fuhr, kamen dann doch wohl Dinge zur Sprache, über die er mit mir nie gesprochen hat. Es war für ihn wahrscheinlich leichter, im Umgang mit anderen betroffenen Kindern auch von seinen Sorgen zu erzählen. Wenn er nach Hause kam, erzählte er immer von den anderen Kindern, welche Probleme sie mit ihren behinderten Geschwistern und zum Teil auch mit ihren Eltern hatten. Weil sie oft sehr gefordert waren. Auf meine Nachfragen gab er nie zu, dass es für ihn wohl auch manchmal zu viel war.«

»T. hat zum richtigen Zeitpunkt andere Kinder von Geschwistern mit Behinderung kennen gelernt und durch die Projekte gelernt, sich zu behaupten. T. ist inzwischen 14 Jahre.«

»Als meine Tochter das erste Geschwisterseminar besuchte, war sie in der 4. Klasse der Grundschule. Es gab aus meiner Sicht keine größeren wirklichen Probleme aufgrund unserer Familiensituation, und in der Familie kann sie sich auch ganz gut behaupten.

Im öffentlichen Leben (Schule, Sportverein etc.) war sie aber eher zurückhaltend und musste doch vieles wegstecken, sie hatte kaum Freunde. Mir war es wichtig, wenn sie zur OS (Orientierungsstufe) kommt, dass sie dann genügend Selbstbewusstsein hat, um derartigen Schwierigkeiten und Versuchungen (Drogen, Alkohol, Zigaretten, jegliche politische Extremrichtung) zu widerstehen. Heute ist B. ein selbstbewusstes Mädchen. Sie weiß sehr wohl, was sie will.

Probleme gibt es noch immer, aber die gibt es auch bei anderen Kindern. Die Geschwisterseminare und auch eine günstige Klassenzusammensetzung haben meines Erachtens sehr dazu beigetragen. Ihr selbst macht es noch sehr viel Spaß, und sie möchte unbedingt weitermachen.«

# 8. *Sei an meiner Seite!*

## *Herausforderungen an die Begleitung von Geschwistern behinderter Menschen*

An den Anfang stellen wir einige Gedanken von Janusz Korczak, die uns in unserer pädagogischen Arbeit mit den Geschwisterkindern leiten. Sie stammen aus seinem Buch »Wie man ein Kind lieben soll«:

»Erkenne dich selbst, bevor du Kinder zu erkennen trachtest. Leg dir Rechenschaft darüber ab, wo deine Fähigkeiten liegen, bevor du damit beginnst, Kindern den Bereich ihrer Rechte und Pflichten abzustecken.«

»Wenn du Kinder erziehen willst, musst du dein eigenes Leben reich gestalten. Lies, gehe ins Theater, liebe die Natur, versuche dich selbst zu fühlen, so weit und so viel du nur kannst. Alles, was in dir selbst geschieht, was in dir lebendig werden kann, kommt der Pädagogik zugute.«

»Lass das Kind sein Geheimnis bewahren, du räumst ihm damit das Recht ein, zu sagen: ›Ich weiß es, aber ich sage es nicht‹, und es wird nicht lügen und sagen, dass es nichts weiß.«

»Lass Kinder offen ihre Gefühle bekunden, auch wenn sie nicht den heiligen Geboten entsprechen.«

### *Was ist notwendig, um Geschwister von Kindern mit Behinderung zu begleiten?*

Jede Form der pädagogischen Arbeit fordert die Begleitenden zu einer Auseinandersetzung mit ihrer eigenen Biografie und ihrem pädagogischen Selbstverständnis heraus. Einige Aspekte dieser Selbstreflexion seien hier erwähnt, um dann zu übergreifenden Anforderungen zu kommen, die für die Begleitung von Geschwisterkindern wichtig sind.

### *»Ich kann Geschwister begleiten, weil ich eigene Erfahrungen als Schwester, als Bruder eines Menschen mit Behinderung habe. Ich kann die Kinder wirklich verstehen.«*

Die eigene Erfahrung ermöglicht sicherlich einen guten Zugang zu den Geschwistern von Kindern mit Behinderung. Dennoch ist es unabdingbar, sich die eigenen Erfahrungen als Geschwisterkind angesehen und die Auseinandersetzung mit der eigenen Biografie geführt zu haben, um nicht Gefahr zu laufen, sich mit den Kindern zu sehr zu identifizieren. Die Gefahr, die eigenen Erfahrungen auf andere zu übertragen, ist ebenso groß wie die Gefahr, »eigene unerledigte Dinge« aufzuarbeiten.

*Beispiel eines Bruders:* »In meiner Kindheit hatte ich niemandem, bei dem ich mal so richtig schimpfen und mich beschweren konnte. Am liebsten möchte ich den Kindern Kotztüten geben, damit alles einmal rauskommen kann.«

*Beispiel einer Schwester:* »Ich muss in der Arbeit sehr aufpassen, dass mich die Geschichten der Kinder nicht in meine eigene Kindheit bringen. Es kann ganz schnell passieren, dass mich etwas erinnert, und ich merke dann, dass ich nicht mehr so aufmerksam zuhöre.«

### *»Ich weiß gar nicht, warum man Erfahrungen mit Behinderung haben muss, um Geschwister von Kindern mit Behinderung zu begleiten. Das ist doch schließlich ganz normal. Ich habe auch Geschwister und kenne all die Auseinandersetzungen.«*

Auch hier gilt es, die eigene Position und die eigenen Erfahrungen zu hinterfragen. Wie schon an anderer Stelle erwähnt, ist die Haltung *»Es ist doch alles ganz normal«* in vielen Fragestellungen für den eigenen Prozess des Kindes nicht hilfreich.

*Füreinander da sein*

Die Auseinandersetzung mit der eigenen Geschwistersituation ist ebenso notwendig wie die Klärung der Frage, an welchem Punkt man heute mit der eigenen Geschwistergeschichte steht. Das gilt übrigens auch für Einzelkinder, die in der Begleitung von Geschwisterkindern tätig sind. Es geht darum, sich die Bedeutung der Geschwisterbeziehungen für das eigene Leben zu vergegenwärtigen. Folgende Hinweise, die diese Auseinandersetzung anregen können, haben wir dem Buch »Geschwisterbande: Liebe, Hass und Solidarität« von Katharina Ley entnommen:

»Ältestes, mittleres oder jüngstes Geschwister oder Einzelkind zu sein, fühlt sich ganz unterschiedlich an. Es kann das Leben entscheidend prägen.«

»Jeder Mensch hat sein eigenes Lernpanorama. Darin wird erkennbar, was er von den Geschwistern gelernt hat, wo und wie – und was andere Menschen dabei für eine Bedeutung haben – im unterstützenden und verhindernden Sinn. Früher und heute.«

»Das Gefühl der eigenen Einzigartigkeit ist eine Kostbarkeit – ebenso das Gefühl der Gleichwertigkeit mit den anderen.«

»Weiß ich, was ich brauche?«

Der letzten Frage kommt eine besondere Bedeutung in der Begleitung von Geschwistern – von Menschen überhaupt – zu. Es geht um das Erkennen der eigenen Bedürfnisse, die nicht, wie bereits weiter oben erwähnt, auf die zu Begleitenden übertragen werden dürfen.

### *»Ich bin Mutter eines Kindes mit Behinderung. Ich weiß aus meiner Erfahrung auch, was für die Geschwister gut ist. Ich kann meine Erfahrungen zur Verfügung stellen. Die Geschwister können sich daran orientieren.«*

Der Austausch der Erfahrungen mit der Mutter eines Kindes mit Behinderung kann einige Kinder unterstützen und ihnen helfen, andere wiederum kann die Anwesenheit einer Mutter hemmen.

Bei allen Zugängen zu der Begleitung von Geschwistern stellt sich die Frage nach der Professionalität. Einfühlungsvermögen und eigene Erfahrungen sind unabdingbar, doch sie reichen allein nicht aus. Sie können – wenn sie reflektiert sind – hilfreich sein. Jedoch können sie eigene Prozesse der Geschwister behindern, wenn sie unreflektiert in die Begleitsituation einfließen. Wenn Begleitung professionell ist – und darauf haben Geschwister einen Anspruch –, so ist von den BegleiterInnen zu klären, was sie selbst an Unterstützung brauchen und welche Voraussetzungen sie für die Arbeit mitbringen:

- Welche Rahmenbedingungen müssen als Voraussetzung für mein Angebot an Geschwister gegeben sein?
- Welche Fähigkeiten habe ich?
- Was muss ich mir (noch) aus meiner persönlichen Geschichte ansehen?
- Woher bekomme ich Informationen und Basiswissen?
- Woher und wie bekomme ich die Unterstützung, die Begleitung, die ich brauche?

Wir streben die Verbindung von reflektierter menschlicher Haltung und Professionalität an. Auch hier ist Janusz Korczak für uns ein Vorbild: »Das Bemerkenswerteste und Aktuellste an Korczaks Arbeitsweise ist wahrscheinlich die Verbindung eines weitgehenden persönlichen Engagements mit professioneller Sorgfalt und Disziplin« (Kees Waaldijk).

Unter dem Postulat, dass Begleitung von Geschwistern nur dann zu verantworten ist, wenn Begleitende wissen, was sie tun, und jederzeit ihre Handlungen begründen können, versuchen wir einige Kernpunkte, die sich bei der Begleitung von Geschwistern ergeben, zusammenzufassen. Dabei geht es um die Bereitschaft, sich mit bestimmten Themen auseinander zu setzen, nicht um die Fähigkeit, alles schon zu wissen oder zu können.

Für die Begleitung von Geschwistern (Menschen) sind folgende Faktoren wünschenswert oder erforderlich:

- Auseinandersetzung mit dem eigenen Menschenbild
- Erarbeiten eines Standpunktes zu Fragen der Behinderung
- Kenntnisse der Bewältigungsformen von Eltern, Familien
- Kenntnis der eigenen Biografie
- Schaffen einer reflexiven Distanz

Begleitung heißt auch:
- Von eigenen Zielen absehen können
- Bereitschaft, sich in Teams auseinander zu setzen
- Bereitschaft, sich Wissen anzueignen (insbesondere über Behinderungen, Auffälligkeiten und Methoden der pädagogischen Arbeit)
- Fähigkeit, zu fragen und zu hinterfragen
- Fähigkeit, zuzulassen und loszulassen, also Wege aushalten können, deren Akzeptanz schwer fällt, und Einstellungen respektieren, die nicht geteilt werden
- Klären der eigenen Rolle den Geschwistern und Eltern gegenüber
- Bereitschaft, an sich zu arbeiten, um den Menschen Wege zu ermöglichen
- Fragen zulassen, deren Antwort dem Einzelnen schwer fällt, Themen nicht tabuisieren
- Auseinandersetzung mit Möglichkeiten und Grenzen
- Rahmenbedingungen abstecken (was kläre ich wo, wo gehört etwas hin?)
- Bereitschaft, in einzelnen Fragen selbst nach Begleitung zu suchen
- Sich keine Aufgaben zumuten, denen man nicht gewachsen ist
- An erster Stelle stehen Achtung und Respekt vor jedem Menschen, vor den vielfältigen Möglichkeiten, Leben zu bewältigen.

Kehren wir am Schluss zur Ausgangsposition zurück, besinnen wir uns auf die Grundhaltung von Janusz Korczak: »Es geht im Wesentlichen um eine strukturierte, sogar disziplinierte Sorgfalt, die allerdings nie mechanisch wird und die immer versucht, Raum für die Begegnung mit einem einzigartigen menschlichen Wesen zu lassen, das jedes Kind auch ist« (Kees Waaldijk).

# 9. *Aber wenn er lacht und dich anstrahlt, ist alles wieder in Ordnung*

## *Anstelle eines Schlusswortes*

*»Liebe Susanne,*

*jetzt sitze ich hier und schreibe dir und weiß noch nicht, was ich dir schreiben soll. Zur Zeit habe ich das Gefühl, dass du mit Stefan nicht mehr so gut auskommst. Es stört dich, dass Stefan, seit er aus dem Krankenhaus gekommen ist, nicht mehr lacht. Du musst das verstehen.*

*Zuerst zu Hause: eine Woche lang so hoch Fieber und die Angst, die Lungenentzündung nicht zu überleben. Du selbst hast dich nicht viel um ihn gekümmert, irgendwie war er dir gleichgültig; dass er stirbt, hast du vor dir hergeschoben, glauben wolltest du es nicht. Du hast dir eingeredet, dass es dir gleichgültig wäre, wenn er nicht da wäre. Erst als es ernst wurde, er ins Krankenhaus kam, fingst du an, darüber nachzudenken. Bei deinem Besuch im Krankenhaus wurde dir endlich bewusst, wie lieb du ihn hast. Das war das erste Mal, dass du deswegen nachts geheult hast. Das tat dir wohl ziemlich gut?*

*Stefan wurde wieder gesund, doch so schnell kommt man nicht in den Alltag zurück, wenn man 'ne ganze Woche fast völlig weggetreten mit Penicillin und anderen Medikamenten und Sauerstoffgeräten, weil das Herz aussetzt, am Leben gehalten worden ist. Also: Hab mal Geduld.*

*Ehrlich gesagt finde ich es Sahne, dass du dich (wenn auch unter dem Druck deiner Mutter) mit Rollstuhl und Stefan (mal ohne deine anderen kleinen Geschwister) auf den Weg durchs Dorf zur Apotheke gemacht hast. Einigen Leuten hast du sogar »guten Tag« gesagt: Und hast du gedacht, die lachen dich aus? Na also, deine Erwartung ist nicht erfüllt worden. Alle grüßten freundlich zurück. Was machtest du? Zu*

*Hause umarmtest du Stefan ganz fest, und er wagte ein leises Lächeln (das erste für dich nach dem Krankenhaus). Meinst du nicht, dass du dich also gar nicht schämen musst, wenn du ihn zwischendurch nicht magst? Eigentlich war es ja nur kurzzeitig, weil dir sein leidendes Gesicht auf den Wecker ging, aber dazu habe ich ja schon oben geschrieben. Ist das jetzt wieder in Ordnung? Ja? Dann ist es gut. Ich weiß, dass dein Bruder jetzt wieder ganz in Ordnung ist. Er lacht wieder und ist »voll da«.*

*Nochmal auf deine Vorsätze zurückkommend: Hältst du das jetzt?*

*Da hast du dir was vorgenommen. Mit deinem Bruder rauszugehen, ist vernünftig, dass du da manchmal Angst hast, »angemacht zu werden«, ist unlogisch. Seit 3 Jahren ist dir das nicht mehr passiert.*

*Du möchtest dich mehr um ihn kümmern! Alles klar, nur kannst du es nicht »um ihn kümmern« nennen, wenn du dich neben ihn setzt und ein Buch liest, um nicht mit den Kleinen spielen zu müssen. Ich finde, du solltest dich dann mit ihm beschäftigen.*

*Ich kann es verstehen, wenn du abends und nachmittags oder in den Ferien nicht wegkannst, weil du auf deinen Bruder aufpassen musst. Dann nervt dich alles an ihm, manchmal schon sein bloßes »Nicht-Nerven« (sein einfaches Still-Dasitzen fängt an zu nerven), wenn er dann doch bloß wie andere etwas runterschmeißen würde oder wenigstens reden könnte, denkst du.*

*Stimmt's? Na siehst du! Du musst eigentlich ein ganz gutes Verhältnis zu deinem Bruder haben, denn immer, wenn du irgendein Problem hast, gehst du zu ihm und erzählst es ihm. Du weißt genau, er hört dir immer zu und erzählt es nicht weiter. Allein diese Tatsache hilft manchmal schon, das Problem zu lösen.*

*Also kannst du doch so sauer auf deinen Bruder gar nicht sein! In Ordnung. Er macht Arbeit, wenn er trinken, essen oder frische Windeln haben soll, wenn man ihn lagern muss, seine Spucke wegwischen oder ihn umziehen muss. Aber wenn er lacht und dich anstrahlt, ist alles wieder in Ordnung.*

*Es ärgert dich, dass es dich ärgert, dass dein Bruder dich nervt. Aber nerven die anderen nicht auch?*

*Also, wenn du dich ein bisschen bemühst, kommst du doch mit Stefan gut zurecht.*

*Ich habe nicht das Gefühl, dass er dir gleichgültig ist. Du hast um ihn genauso Angst und Freude und Ärger wie mit den anderen auch.*

*Ich hoffe, aus diesem Brief lernst du etwas.*

*Dein anderes Ich*

*Susanne, 15 Jahre*

(Meine Problemseite an meine Gedankenseite)«

(Wiebke Amman/Marlies Winkelheide (Hrsg.): Deine Schwester Dörte. Briefe von Geschwistern behinderter Kinder)

# *Anhang*

## *Zur Konzeption der Geschwisterseminare*

Die folgende Zusammenstellung beschreibt das Konzept der Seminararbeit mit Geschwistern behinderter Kinder, das von Marlies Winkelheide begründet und gemeinsam mit Charlotte Knees weiterentwickelt wurde.

Die einzelnen Grundgedanken werden angeführt und knapp dargestellt. Unser Anliegen ist es, einen Überblick zu geben und nicht jeden Punkt bis ins kleinste Detail zu erläutern. Wir gehen von einem LeserInnenkreis aus, der mit der Begleitung von Menschen vertraut ist und daher auch kurz gefasste Gedanken verstehen und einordnen kann. Sollte dies nicht immer gelingen, sei es, weil wir nicht exakt genug das vermitteln, was wesentlich ist, oder wir von Voraussetzungen ausgehen, die nicht vorhanden sind, erhoffen wir eine kritische Auseinandersetzung, das heißt Fragestellungen, anhand derer unser Anliegen, unsere Sichtweisen erklärt, hinterfragt und gegebenenfalls revidiert werden können. Wir stehen dafür schriftlich und, wenn es sich einrichten lässt, auch gerne direkt zur Verfügung. Was wir uns nicht wünschen, sind »Kurzschlüsse«, weil etwas in der hier verdichteten knappen Form unverständlich, nicht nachvollziehbar ist, »Urteile«, die den Charakter von »Vorurteilen« haben, und Interpretationen anstelle korrekter Recherchen.

### *Menschenbild und pädagogisches Selbstverständnis*

- Wir achten die Individualität und Würde jedes einzelnen Menschen.
- Die Freiheit des Einzelnen endet dort, wo sie die Freiheit eines anderen infrage stellt oder willkürlich einschränkt.

- Die Entwicklung der eigenen Persönlichkeit erfolgt im Dialog mit anderen Menschen (vgl. Martin Buber).
  Für die Begleitung von Menschen bedeutet das:
  - Der partnerschaftliche Umgang setzt die Transparenz der jeweiligen Rollenverteilung in der Gruppe voraus.
  - Vermitteln und Einhalten demokratischer Grundregeln
  - Nachvollziehbarkeit des Handelns einschließlich eines offenen Umgangs mit Fehlern, deren Konsequenzen und den daraus erwachsenden Lernchancen
  - sich auf den Dialog mit anderen Menschen einlassen, eine eigene Meinung entwickeln, eine eigene Meinung vertreten, die Meinung anderer anerkennen, sie nicht unkritisch übernehmen, in Diskussion treten
  - die Entwicklung von Selbständigkeit und Selbstwertgefühl unterstützen sowie zur Übernahme von Eigenverantwortung ermutigen

Die Entwicklung einer eigenen Haltung erfolgt durch die Identifikation mit Vorbildern oder durch die Abgrenzung von ihnen. Das gilt auch für die Entwicklung des eigenen pädagogischen Selbstverständnisses. Neben der ständigen kritischen Reflexion unserer praktischen Erfahrungen, die wir in der Arbeit mit Kindergruppen gesammelt haben, war es die Auseinandersetzung mit den pädagogischen Ansätzen von Janusz Korczak und Bruno Bettelheim, die, entsprechend modifiziert, zu wichtigen Grundlagen unseres Konzeptes wurden.

## *Orientierung an pädagogischen Konzepten*

An dieser Stelle ist es nicht möglich, die komplexen pädagogischen Überlegungen von Janusz Korczak und Bruno Bettelheim auch nur annähernd zu vermitteln. Wir stellen hier jeweils einige unsere Arbeit prägende Grundgedanken in den Mittelpunkt:

Janusz Korczak geht von einer pädagogischen Haltung aus, die es ermöglicht, je nach Situation im Sinne der beteiligten Menschen zu handeln. Es ist nicht ein starres pädagogisches Prinzip, das es gilt, konsequent einzuhalten, sondern eine bewusste Haltung, die dem Pädagogen erlaubt, flexibel zu sein, Hintergründe zu erforschen und sie in seine Entscheidungen einzubeziehen.

Bruno Bettelheim plädiert für ein Milieu*, das die Auseinandersetzung mit (schwierigen) Lebensfragen und mit Lebenssituationen, in denen kränkende Erfahrungen gemacht wurden, zulässt. Darüber hinaus soll es helfen zu lernen, mit Verletzungen umzugehen.

## *Methodische Bausteine*

- Bildungsangebot in Form von Seminaren: Einzeltage, Wochenenden, Wochen, Seminarreihen
- Arbeit in einer Gruppe
- Bezugsbetreuungssystem: Jedes Kind weiß, wer sein/e Ansprechpartner/in ist. Es wird kein »Durchschnittsbetreuungsschlüssel« ermittelt, sondern anhand der Bedürfnisse der Kinder festgelegt, wie viele Kinder und Jugendliche von einem Betreuer, einer Betreuerin begleitet werden. Dabei kann es Einzelbetreuung geben oder ein/e Betreuer/in zum Beispiel für fünf Jugendliche Bezugsperson sein.
- Die MitarbeiterInnen bringen folgende Voraussetzungen mit: Sie kommen aus der Arbeit mit behinderten Menschen und deren Angehörigen und sind bereit, die eigene Arbeit laufend zu reflektieren, sich fortzubilden und durch kontinuierlichen Austausch zur Weiterentwicklung des Konzeptes beizutragen.
- Plenum/Kinderparlament: Die Kinder und Jugendlichen beteiligen sich an Entscheidungsprozessen. Dadurch üben sie Meinungsbildungsprozesse und Abstimmungsvorgänge ein. Ein Beispiel ist die Wahl von AltersgruppenvertreterInnen/SprecherInnen.

* Bruno Bettelheim verwendet den Begriff »therapeutisches Milieu«. Wir vermeiden ihn bewusst, um nicht zu dem Missverständnis, Geschwister behinderter Kinder bräuchten Therapie, beizutragen (vgl. Knees, Charlotte in: Winkelheide, Marlies: Ich bin doch auch noch da, Bremen 1992).

- Themenzentriertes Arbeiten: Jedes Seminar steht unter einem bestimmten Thema, das mit unterschiedlichen Methoden erarbeitet wird. Das bedeutet nicht, dass die von den Kindern eingebrachten Themen ignoriert werden. Die Seminarstruktur sieht genügend Freiräume für spontane Themen vor.
- Methodenvielfalt: Arbeiten mit Symbolen, Einsatz kreativer Elemente, Schreiben in vielfältiger Form, Schaffen von Erlebnissen
- Eltern: Im Mittelpunkt stehen die Kinder und Jugendlichen mit ihren Bedürfnissen. Sie dürfen darauf vertrauen, dass alles, was in den Seminaren von ihnen zur Verfügung gestellt wird, vertraulich behandelt wird. Eltern wollen wissen, was auf den Seminaren »passiert« ist. Am Ende der Seminare stellen nach Absprache entweder die Kinder und Jugendlichen selbst oder die Seminarleitung den Ablauf des Seminars dar.
- Nachbereitung der Seminare: Seminarunterlagen und Erinnerungsfotos werden etwa 4 Wochen nach der Tagung an die Kinder und Jugendlichen geschickt.
- Verständnis der Seminargruppe als »angeleitete Selbsthilfegruppe«: Treffen anderer Betroffener; Austausch von Erfahrungen, ohne erklären zu müssen, und doch verstanden zu werden; Ältere geben Erfahrungen an Jüngere weiter; soziale Kontakte über die Seminare hinaus; Gründung von Selbsthilfegruppen unabhängig vom Seminargeschehen

# *Quellenverzeichnis*

Ammann, Wiebke/Winkelheide, Marlies (Hrsg.): Deine Schwester Dörte. Briefe von Geschwistern behinderter Kinder, Bibliotheks- und Informationssystem der Universität Oldenburg, 1987

Bülow, Kerstin (Hrsg.): Janusz Korczak. Ohne Kinder wäre Nacht, Kiefel Verlag, Gütersloh 2000

Bülow, Kerstin (Hrsg.): Janusz Korczak. Worte für jeden Tag, Gütersloher Verlagshaus, Gütersloh 2001

Dauzenroth, Erich: Ein Leben für Kinder. Janusz Korczak – Leben und Werk, Gütersloher Verlagshaus, Gütersloh, 5. Auflage 2002

Fischer, Erhard (Hrsg.): Pädagogik für Kinder und Jugendliche mit mehrfachen Behinderungen. Lernverhalten, Diagnostik, Erziehungsbedürfnisse und Fördermaßnahmen, verlag modernes leben, Dortmund 2000

Kasten, Hartmut: Geschwister. Vorbilder, Rivalen, Vertraute, Ernst Reinhardt Verlag, München 1999

Knees, Charlotte / Winkelheide, Marlies: Ich bin nicht du – Du bist nicht ich. Aus dem Leben mit behinderten Geschwistern, Verlag Butzon & Bercker, Kevelaer 1999

Korczak, Janusz: Wie man ein Kind lieben soll, Vandenhoeck & Ruprecht, Göttingen 1998

Ley, Katharina: Geschwisterbande. Liebe, Hass und Solidarität, Walter-Verlag, Düsseldorf, Zürich 2001

Senckel, Barbara: Mit geistig Behinderten leben und arbeiten, Beck'sche Verlagsbuchhandlung, München 1994

Waaldijk, Kees: Janusz Korczak. Vom klein sein und groß werden, Beltz Verlag, Weinheim 2002

Winkelheide, Marlies: Ich bin doch auch noch da, Trialog Verlag, Bremen 1991

# *Bildnachweis*

Alle Fotos in diesem Buch sind Privatfotos, die Familien aus ihren Archiven zur Verfügung gestellt haben.

# *Literaturhinweise*

## *Geschwister (Kinder und Jugendliche) schreiben selbst:*

*Geschwistergeschichten*
*Mein Bruder ist behindert, meine Schwester ist behindert*
Hrsg. vom Arbeitskreis Integration Behinderter e. V., Bibliotheks- und Informationssystem der Universität Oldenburg, 1987

*Deine Schwester Dörte*
*Briefe von Geschwistern behinderter Kinder*
Hrsg. vom Arbeitskreis Integration Behinderter e. V., Bibliotheks- und Informationssystem der Universität Oldenburg, 1989

*Ich bin nicht du – Du bist nicht ich*
*Aus dem Leben mit behinderten Geschwistern*
Knees, Charlotte/Winkelheide, Marlies; Verlag Butzon & Bercker, Kevelaer 1999
(Die Autorinnen haben in diesem Buch Texte versammelt, die von Kindern und Jugendlichen geschrieben worden sind.)

## *Erwachsene Geschwister:*

*Verkürzte Kindheit*
*Vom Leben der Geschwister behinderter Menschen*
Neumann, Heike; Königsfurt Verlag, Krummwisch 2001

*Bobby, Herr Bredi und Mister Herr Brendel*
*Die Geschichte meines Bruders*
Brederlow, Gerd mit Heike Neumann; Piper Verlag, München, Zürich 2002

*Mit beiden Beinen fest im Himmel*
*Liebeserklärung an meinen behinderten Bruder*
Tarr, Irmtraud; Verlag Herder, Freiburg 2003

## *Eltern:*

*Ted*
*Miteinander leben lernen*
Hart, Charles; Droemersche Verlagsanstalt, München 1991
(Der Autor ist zugleich Bruder eines Menschen mit Behinderung.)

*... und um mich kümmert sich keiner!*
*Die Situation der Geschwister behinderter*
*und chronisch kranker Kinder*
Achilles, Ilse; Ernst Reinhardt Verlag, München, Basel 2002
(1. Auflage 1990)

*Guido – unser Leben mit einem schwerbehinderten Kind*
Carbonetti, Daniela und Giangiacomo; edition bentheim, Würzburg 2001

## *Menschen mit Behinderung zum Thema Geschwister:*

*Die psychosoziale Situation von Geschwistern behinderter Kinder*
*mit dem Krankheitsbild Osteogenesis Imperfecta*
Schulte-Kellinghaus, Anette; Verlag Kleine, Bielefeld 1998

*Buntschatten und Fledermäuse*
*Leben in einer anderen Welt*
Brauns, Axel; Verlag Hoffmann und Campe, Hamburg 2002
(Der Autor ist Autist.)

*Zu niemandem ein Wort*
*In der Welt der autistischen Zwillinge Konstantin und Kornelius*
Keulen, Konstantin und Kornelius/Kosog, Simone; Piper Verlag, München, Zürich 2003

## *Nicht behinderte und behinderte Geschwister schreiben zusammen:*

*Lernen so viel ich kann*
*Leben mit einer Lernbeeinträchtigung*
Flynn, Margaret und Peter; Verlag Saatkorn, 1998

*Die Zärtlichkeit des Sonntagsbratens*
Eggli, Ursula, Daniel und Christoph; Zytglogge Verlag, Gümligen (1. Auflage 1977)

## *Fachleute (in Auswahl):*

*Geschwister*
*Vorbilder, Rivalen, Vertraute*
Kasten, Hartmut; Ernst Reinhardt Verlag, München 1999

*Geschwister*
*Liebe und Rivalität*
Die längste Beziehung unseres Lebens
Petri, Horst; Kreuz Verlag, Zürich 1994

*Geschwisterbande*
*Liebe, Hass und Solidarität*
Ley, Katharina; Walter-Verlag, Düsseldorf, Zürich 2001

*Die Rolle der Geschwister*
Lüscher, Berit; Edition Marhold, Berlin 1997

*Auf immer verknüpft*
*Geschwister in Solidarität und Abhängigkeit*
Pro Infirmis, Aspekte 28, Zürich 1988

**Untersuchungen:**

*Geschwister in Familien mit geistig behinderten Kindern*
Seifert, Monika; Verlag Klinkhardt, Bad Heilbrunn 1989

*Die psychosoziale Situation von Geschwistern behinderter Kinder*
Hackenberg, Waltraud; Edition Schindele, Heidelberg 1987
(Untersuchung von 101 Geschwistern)

*Geschwister behinderter Kinder im Jugendalter*
Hackenberg, Waltraud; Edition Schindele, Heidelberg 1992
(Nachuntersuchung)

**Arbeiten zur »Geschwisterproblematik«**

von Professor Dr. Heinrich Tröster, Universität Dortmund, Fakultät Rehabilitationswissenschaften, Rehabilitationspsychologie, Emil-Figge Str. 50, 44221 Dortmund

*Sind Geschwister behinderter Kinder oder chronisch kranker Kinder in ihrer Entwicklung gefährdet?*
*Ein Überblick über den Stand der Forschung*
in: Zeitschrift für Klinische Psychologie, 28 (3), 160–176, Hogrefe-Verlag, Göttingen 1999

*Erhalten Geschwister behinderter oder chronisch kranker Kinder zu wenig elterliche Zuwendung?*
in: Heilpädagogische Forschung, Band XXVI, Heft 1, 2000

*Die Belastung der Geschwister behinderter Kinder durch Betreuungsaufgaben und Hausarbeit*
in: Heilpädagogische Forschung, Band XXVI, Heft 2, 2000

*Die Beziehung zwischen behinderten und nicht behinderten Geschwistern. Ein Überblick über den Forschungsstand*
in: Zeitschrift für Entwicklungspsychologie und Pädagogische Psychologie, 33 (1), 2-19, Hogrefe-Verlag, Göttingen 2001

## *Über die Arbeit mit Geschwistern behinderter Kinder:*

*Ich bin doch auch noch da*
Winkelheide, Marlies; Trialog Verlag, Bremen 1991

*... doch Geschwister sein dagegen sehr*
*Schicksal und Chancen der Geschwister behinderter Menschen*
Knees, Charlotte / Winkelheide, Marlies; Königsfurt Verlag, Krummwisch 2003

## *Kinder- und Jugendbücher zum Thema »Geschwister behinderter Kinder« (in Auswahl):*

### *Bücher für Kinder bis 7 Jahre:*

*Albin Jonathan, unser Bruder mit Down-Syndrom*
Selbsthilfegruppe für Menschen mit Down-Syndrom und ihre Freunde; Erlangen 1994

*Wir Geschwister – ein Dialogbuch*
Kremer, Susanne; Quirl-Verlag, Göttingen 1997

*Florian lässt sich Zeit*
Sansone, Adele; Tyrolia-Verlag, Innsbruck 2002

*Stefan*
Welsh, Renate / Schwecke, Ulrich; Verlag Jungbrunnen, München, Wien 1989

*Unterwegs mit Jakob*
*Leben mit einem autistischen Bruder*
Lears, Laurie; Kik Verlag, Berg am Irchel 2000

**_Bücher für Kinder und Jugendliche von 8 bis 13 Jahren:_**

*Drachenflügel*
Welsh, Renate; Verlag Nagel & Kimche, Zürich 1988

*Dibs und der Delfin*
Bertagna, Julie; dtv junior 2002

*Als die Steine noch Vögel waren*
Lembeke, Marjalena; Verlag Nagel & Kimche, Zürich 1998

*Mein Bruder ist ein Orkan*
Janssen, Kolet; Anrich Verlag, Weinheim 1997

*Tage mit Eddie*
Tashjian, Janet; Dressler Verlag, Hamburg 1999

*Kein Beinbruch*
Hassenmüller, Heidi; Verlag Ellermann, Hamburg 1999

*Eine zuviel*
Harel, Nina; Alibaba-Verlag, Frankfurt 1998
(In diesem Buch geht es um ein Pflegekind mit Behinderung.)

*Kleine Schwester, großes Biest*
Heesen, Martha; Fischer Taschenbuch Verlag, Frankfurt 2002

*Paul ohne Jakob*
Fox, Paula; Verlag Sauerländer, Frankfurt 2001

**_Bücher für Jugendliche ab 13 Jahren:_**

*Romeos Küsse*
Dierks, Martina; Altberliner Verlag, Berlin, München 2000

*Vollmondtage*
Kimberley, Willis Holt; Altberliner Verlag, Berlin, München 1999

*Der gestohlene Sommer*
Jansen, Hanna; Thienemann, Stuttgart 2001

## *Bücher zum Thema »Tod eines Geschwisters mit Behinderung«*

*Ben lacht*
Laird, Elisabeth; Verlag Friedrich Oetinger, Hamburg 1988

*Fee – Schwestern bleiben wir immer*
Feth, Monika; Verlag Bertelsmann, München 1999

*Leben mit dem Tod eines Kindes*
Trauer und Behinderung, 7/1995, Verwaiste Eltern Hamburg e. V.

*Und wenn ich falle?*
*Vom Mut, traurig zu sein*
Schins, Marie-Therese; dtv, München 2001

Diese Literaturliste ist ausschließlich eine Zusammenstellung, eine Auswahl. Die Beurteilung der einzelnen Titel bleibt dem Leser, der Leserin überlassen.

# *Adressen der Autorinnen*

*Marlies Winkelheide*
Moorender Str. 6
D-28865 Lilienthal
Tel. & Fax: 0 42 08/10 40
E-Mail: Marlies.Winkelheide@t-online.de

*Charlotte Knees*
Köstlergasse 8/2
A-1060 Wien
Tel. & Fax: 00 43/1/5 87 19 02 (aus Deutschland)
01/5 87 19 02 (innerhalb Österreichs)
E-Mail: Charlotte.Knees@aon.at

KÖNIGS FURT
Heike Neumann
Verkürzte Kindheit
Vom Leben der Geschwister behinderter Menschen